Amar e ser amado

Dados Internacionais de Catalogação na Publicação (CIP)
(Câmara Brasileira do Livro, SP, Brasil)

Weil, Pierre
  Amar e ser amado : a comunicação no amor / Pierre Weil ; 85 ilustrações de Roland Tompakow. – 35. ed. – Petrópolis, RJ : Vozes, 2011.

  1. Amor 2. Relações humanas I. Tompakow, Roland. II. Título.

11-05159   CDD-158.2

Índices para catálogo sistemático:
1. Amor : Relações interpessoais : Psicologia aplicada 158.2

Pierre Weil

Amar e ser amado

A comunicação no amor

85 ilustrações de Roland Tompakow

EDITORA VOZES

Petrópolis

© 1972, Editora Vozes Ltda.
Rua Frei Luís, 100
25689-900 Petrópolis, RJ
Brasil
Internet: http://www.vozes.com.br

Todos os direitos reservados. Nenhuma parte desta obra poderá ser reproduzida ou transmitida por qualquer forma e/ou quaisquer meios (eletrônico ou mecânico, incluindo fotocópia e gravação) ou arquivada em qualquer sistema ou banco de dados sem permissão escrita da Editora.

Diretor editorial
Frei Antônio Moser

Editores
Aline dos Santos Carneiro
José Maria da Silva
Lídio Peretti
Marilac Loraine Oleniki

Secretário executivo
João Batista Kreuch

Projeto gráfico: Sheilandre Desen. Gráfico
Capa: Juliana Batel

ISBN 978-85-326-0308-1

Editado conforme o novo acordo ortográfico.

Este livro foi composto e impresso pela Editora Vozes Ltda.

O autor

Pierre Weil, doutor em Psicologia pela Universidade de Paris, é um nome consagrado na psicologia contemporânea, com mais de trinta obras publicadas em diversos idiomas. Professor emérito da Universidade Federal de Minas Gerais. A Unesco publicou o seu livro *A arte de viver em paz,* que é uma educação emergente, holística e centrada na paz.

Foi um eminente mentor do movimento holístico no Brasil e na Europa. É presidente e reitor da Universidade Holística Internacional de Brasília – Unipaz.

A sua atuação em Brasília começou em 1987, quando foi eleito pelos instituidores da Fundação Cidade da Paz como presidente deste organismo, contando com a presença do governador do Distrito Federal, José Aparecido de Oliveira, Oscar Niemayer, Márcia Kubitschek, Vera Pinheiro, os presidentes dos Tribunais Superiores Federais e do Distrito Federal, tendo recebido uma mensagem especial de Lúcio Costa. No mesmo ano, o Professor Pierre Weil recebeu a condecoração da Ordem da Alvorada das mãos do governador do Distrito Federal.

Em 14 de abril de 1988, o Professor Pierre Weil foi designado como reitor da Universidade Holística Internacional de Brasília.

Graças à sua liderança e a uma equipe de colaboradores alto padrão, Brasília veio se formar no seu seio a Terceira Universidade da Paz do Mundo, depois de Tóquio e Costa Rica.

Hoje Brasília também irradia educação para paz em seis regiões do Brasil, através dos campos avançados da Universidade em Porto Alegre, São Paulo, Belo Horizonte, Rio de Janeiro, Salvador e Fortaleza.

A universidade criada por Pierre Weil fornece hoje uma série de cursos de formação de educadores para paz para crianças, adolescentes, jovens e adultos.

A Universidade da Paz tem se mostrado também como um ponto de encontro transreligioso e de transpartidarismo político.

Um programa especial que consiste num mutirão nacional permanente de educação para paz que conta com o apoio da Unesco e da Presidência da República coloca Brasília no seu verdadeiro lugar, o de Cidade da Paz, título que lhe foi outorgado pelo Conselho Mundial da Paz de Helsinque em 1989, a convite do então reitor da UNB, Cristóvam Buarque.

Pierre Weil faleceu em Brasília em outubro de 2008, aos 84 anos.

Qualquer semelhança,
nas ilustrações ou no texto, com o leitor ou
pessoas conhecidas

é de esperar-se,

do contrário este livro seria inútil. Mas será
pura coincidência, por conta do leitor.
Embora o autor se tenha baseado
exclusivamente em longas pesquisas de
casos reais, tomou todo o cuidado de
deixar de descrever um único indivíduo
que seja, ainda que por alusão indireta, por
motivos tanto de ética profissional como
simplesmente humanos.

Sumário

Do autor ao leitor, 13

Introdução, 17

I – A relação genital, 25

    § 1. Origem e explicação da relação genital, 26

    § 2. Características principais da forma genital das relações amorosas, 28

    § 3. A forma genital na civilização moderna, 32

II – A forma sensual do amor, 34

    § 1. Critérios para reconhecer a forma sensual, 34

    § 2. Desenvolvimento da sensualidade no século XX, 38

    § 3. É o amor sensual duradouro?, 39

III – A forma transferencial, 41

    § 1. Que é transferência?, 41

    § 2. A relação transferencial, 45

    § 3. É a relação transferencial sinal de neurose?, 48

    § 4. Quando a relação transferencial se transforma em barreira, 49

    § 5. Instabilidade da relação transferencial, 51

IV – As formas motivacionais, 52

    § 1. Que é motivação, 52

§ 2. A relação motivacional, 53

§ 3. Gosto pelo conforto, 54

§ 4. A relação comercial, 55

§ 5. Amor-barganha, 56

§ 6. Parceiros de jogo, 57

§ 7. A forma exibicionista, 57

§ 8. A ligação profissional, 59

§ 9. A relação gastronômica, 60

§ 10. Amor turístico, 61

§ 11. A motivação social, 61

§ 12. A "fuga da solidão", 62

§ 13. "Enfim, sós!", 62

§ 14. A relação estética, 63

§ 15. Amor de artistas e literatos, 65

§ 16. A relação intelectual, 66

§ 17. A relação educacional, 66

§ 18. A relação motivacional altruística, 68

§ 19. A relação religiosa, 68

§ 20. A relação ética, 68

V – A forma procriadora, 70

§ 1. Origens da relação procriadora, 71

§ 2. O fator biológico, 71

§ 3. O instinto maternal, 71

§ 4. As pressões sociais, 72

§ 5. O fator religioso, 74

§ 6. A motivação educacional, 74

§ 7. A procriação como meio de solucionar conflitos, 75

§ 8. Sentimentos que a relação procriadora desperta, 75

VI – A forma costumeira, 77

§ 1. O "tronco", 78

§ 2. A seriedade do parceiro, 79

§ 3. A capacidade de sustento do lar, 81

§ 4. A boa "dona de casa", 82

§ 5. Bons pais de família, 82

§ 6. Nível social e cultura equivalente, 82

§ 7. Razoável diferença de idade, 82

§ 8. As objeções, 83

§ 9. Distorção da imagem do casamento, 84

VII – A forma possessiva, 86

§ 1. Amor-propriedade e suas origens, 86

§ 2. O homem possessivo, 88

§ 3. A mulher possessiva, 91

§ 4. Ciúme e relação possessiva, 96

§ 5. Liberdade e relação possessiva, 97

VIII – Pausa para meditação do leitor, 98

§ 1. Um dilema, 100

§ 2. Amor à liberdade e liberdade no amor, 101

IX – As comunicações no amor, 102

§ 1. Como "funciona" uma comunicação?, 103

§ 2. Natureza das mensagens, 104

§ 3. Formas de expressão de uma mensagem, 105

§ 4. Comunicação não verbal, 106

§ 5. Mensagens conscientes e inconscientes, 112

§ 6. Mensagens nas diferentes formas de amor, 113

§ 7. Barreiras nas comunicações amorosas, 121

X – Comunicação profunda e encontro existencial, 127

§ 1. Que é "encontro existencial"?, 127

§ 2. A comunicação profunda no encontro Existencial, 131

§ 3. Como reconhecer o encontro existencial?, 134

§ 4. Aspectos da comunicação profunda, 134

§ 5. Encontro existencial e outras formas de amor, 141

§ 6. Algumas considerações complementares, 147

Conclusão, 151

§ 1. Uma conclusão que deixa ao leitor liberdade de concluir, 151

§ 2. *Exercício n. 1*
Check-up das relações amorosas, 153

§ 3. *Exercício n. 2*
Análise das imagens motivacionais, 154

§ 4. *Exercício n. 3*
Análise dos esforços mútuos de adaptação, 155

§ 5. *Exercício n. 4*
Análise dos pontos de atração e rejeição, 155

Apêndice

Exercícios de análise das relações amorosas, 157

Do autor ao leitor

Atenção para este aviso importante:
Destina-se este livro aos que procuram um amor tocado de paz interior,
 – aos que sentem necessidade de melhorar ainda mais suas relações amorosas,
 – aos que sentem que "algo" perturba a sua vida conjugal,
 – aos que se preparam para uma vida a dois,
 – aos que procuram "alguém" para o matrimônio,
 – aos que deixaram de acreditar no amor,

– *aos que necessitam reconstruir uma vida amorosa,*

– *aos que sentem ameaça de desintegração das suas relações amorosas,*

– *aos que procuram mais luz sobre o amor,*

– *aos que se sentem assediados pelo tédio no amor,*

– *aos que fizeram do amor uma prisão e*

– *aos que sentem dificuldades em amar.*

Este livro pretende ajudar o leitor na solução desses problemas, fornecendo-lhe dados para escolher caminhos descobertos pelas mais recentes pesquisas em psicologia social, sobre fenômenos de comunicações no amor, com apoio, também, nas observações acumuladas pelos homens durante milênios, assim como na experiência do autor como homem e como psicólogo.

Aos leitores psiquiatras, médicos, psicoterapeutas e psicólogos, a par dos trabalhos mais recentes de autores como, por exemplo, Franke, Rollo May, Fromm, Maslow, Seguin, Moreno, Kurt Lewin, Rogers, Ancelin-Schützemberger, H. Deutsch, Karen Horney e tantos outros, queremos dizer que muito do que expomos no livro, embora já conhecido deles, constitui material traduzido em linguagem acessível aos seus clientes e ao público leigo em geral, o que de certo os ajudará em explicações que, às vezes, lhes é difícil dar, por falta de tempo ou outros motivos.

Talvez constitua este livro, para inúmeros leitores, a porta de entrada para uma evolução da própria existência; quem assimilar este volume poderá tornar-se diferente.

Por este motivo,
avisamos o leitor
que tiver qualquer receio
em repor em questão
alguns ou muitos aspectos

*da sua vida amorosa
de que convém pensar muito,
antes de decidir-se*

*pela leitura desta obra;
pode ele estar certo,
no entanto, de que encontrará
nela aquilo que foi a maior intenção
do autor:*

uma mensagem de fé e de esperança.

Introdução

"Mais um livro sobre o amor?" É assim que muitos dos seus autores começam as suas introduções; em geral acrescentam que o amor é um tema tratado desde que o homem escreve para os outros, lembrando poetas, romancistas, escritores desde a Antiguidade aos nossos tempos e terminando muitas vezes pela citação de cientistas modernos.

O leitor, ao consultar um livro sobre o amor, quer, geralmente, resolver o seu problema pessoal; quer esclarecer melhor a sua posição diante das relações amorosas e saber o que, afinal de contas, é o amor.

"Será que estou amando realmente?" – "Será que sou realmente amado?"

"Este nosso amor é eterno, durará a vida toda ou é apenas passageiro?"

"Amor e atração sexual são a mesma coisa?"

"A psicanálise tem revelado que amamos, no ente querido, a figura dos nossos pais ou parentes; será isto verdade ou haverá outro tipo de amor?"

"Pode-se amar duas ou várias pessoas ao mesmo tempo ou o verdadeiro amor se dirige a uma pessoa só?"

"Que diferença há entre simpatia, amizade e amor?"

Estas e outras perguntas angustiam milhões de pessoas; recentes estudos de Psicologia Social sobre comunicações e relações interpessoais tentam fazer um pouco mais de luz sobre estas indagações.

Em primeiro lugar, convém citar a existência de numerosas investigações sobre as relações médico-paciente e mais particularmente psicoterapeuta ou psicanalista-paciente; o fato de muitos pacientes "odiarem" ou "amarem" o seu psicoterapeuta levou os pesquisadores a se perguntarem que tipo de sentimento era então despertado; com isto foram progressivamente forçados a definir o amor e em que ele se distingue de outros sentimentos; as hipóteses levantadas e as conclusões a que chegaram os autores são de grande valia para os nossos objetivos.

Paralelamente à psicanálise, foram realizadas inúmeras experiências, usando-se o Psicodrama e a Dinâmica de Grupo.

O Psicodrama consiste em utilizar o teatro para tratar ou estudar problemas de relações interpessoais. Criado por Moreno, um contemporâneo de Freud, esta técnica tem hoje inúmeros campos de aplicação, sendo que o mais importante ainda é a descoberta do verdadeiro amor. No teatro psicodramático pede-se aos espectadores representar os seus problemas de inter-relações humanas com a ajuda de outros espectadores ou de terapeutas, especialmente treinados para esse fim; durante as representações e depois delas, os espectadores analisam as motivações profundas dos comportamentos apresentados; o estudo da simpatia e da antipatia através da sociometria, outra invenção do Dr. Moreno, permite, ainda, pesquisar melhor o

amor, pois consiste em verificar por que determinadas pessoas preferem conviver com alguém e outras não.

A Dinâmica de Grupo, também desenvolvida por Moreno e impulsionada por Kurt Lewin e seus seguidores, tem por finalidade o estudo "in vivo", isto é, no momento em que aparecem as comunicações e fenômenos de inter-relações pessoais, em grupos constituídos de oito a dez pessoas que se reúnem durante três dias consecutivos ou uma vez por semana durante vários meses. As pessoas dizem umas às outras, de maneira franca e espontânea, o que sentem, umas em relação às outras e como cada uma é percebida. Um psicólogo ajuda o grupo nessa tarefa. Importantes observações e descobertas foram e continuam sendo feitas.

Muitas dessas observações são feitas na hora e não puderam ainda ser publicadas, pois esses métodos são utilizados apenas desde o fim da primeira metade deste século; só existem artigos em revistas especializadas e alguns livros de difícil acesso para o grande público.

A principal finalidade deste livro será justamente a de resumir em linguagem acessível o que de mais recente se tem observado quanto ao problema das comunicações e relações amorosas.

O autor destas linhas participou de inúmeras experiências de Psicodrama e Dinâmica de Grupo, como observador e dirigente. O que se relata aqui é, também, por conseguinte, fruto de observações pessoais.

No entanto, não nos pretendemos limitar apenas a preocupações de divulgação científica. O nosso livro é também um livro, em certo sentido, projetivo, isto é, projetamos ou colocamos nele o que foram, e ainda são, em grande parte, preocupações pessoais nossas; queremos, também, na medida do possível, ajudar a outros a evitar dissabores ou tropeços que fazem parte da experiência pessoal de muita gente.

Talvez isto não seja inteiramente possível, pois, ainda mais do que outros aspectos da vida, o amor deve ser vivido em cada um de nós; sem esta vivência não podemos saber o que é; mas, na hora em que vivemos uma ou outra das diversas formas de relações amorosas, há a possibilidade, com ajuda de um livro como este, de reconhecermos o que estamos vivendo, de estarmos mais conscientes do sentido e significado dessa vivência.

Um dos fins deste livro será descrever, da maneira mais objetiva possível, as características dos diferentes tipos de relações sob forma de "critérios" facilmente identificáveis, pois são escritos em linguagem simples.

No entanto, conservamos a linguagem científica corrente para designar as diferentes formas de amor, pois a maior parte dela já é suficientemente conhecida, como por exemplo as formas "sensual" ou "estética"; outros termos, como os da relação "transferencial" ou "existencial", receberão a sua explicação correspondente no momento oportuno.

Tentamos permanecer, durante toda a explanação, num ponto de vista estritamente descritivo, sem tomar partido por um ou outro tipo de relação amorosa; deixamos ao leitor tirar as suas próprias conclusões, com inteira liberdade. Cremos, aliás, que nada adiantaria "aconselhar" tal ou qual tipo, pois a maioria das pessoas age conforme lhe dita o seu próprio convencimento, a sua própria experiência, e não pelas opiniões alheias, embora estas possam pesar, na medida em que estiverem de acordo com essa mesma experiência; muitos, por conseguinte, encontrarão, nas páginas a seguir, confirmação do que eles próprios já pensavam, sentiam ou observaram; outros, talvez, darão um passo a mais no sentido de uma evolução pessoal.

Evolução?, perguntará o leitor, intrigado. Realmente, tudo indica que o homem e a mulher, mesmo adultos, tendem a evoluir nas suas relações amorosas; esta evolução será, provavelmente, mais acentuada nas sociedades e comunidades (países, regiões, cidades, círculos sociais), cuja própria evolução se faz em ritmo acelerado; ela resulta do choque entre o estado em que se encontram o/ou os parceiros e o estado evolutivo da sociedade global. Exemplo típico é a evolução da mulher no sentido de libertação da dominação patriarcal e marital. A conquista da igualdade de direitos leva a situações de discrepância entre a evolução individual e a coletiva, criando às vezes tensões penosas; por exemplo, a maioria das mulheres de determinado lugar fumam, usam calças compridas e dirigem carros; se uma mulher, levada pela pressão social, quiser fazer o mesmo que as outras, mas o seu marido ainda estiver num estado evolutivo patriarcal anterior à igualdade de direitos, poderá haver violento conflito; o mesmo pode acontecer com um casal que se comporte de modo mais evoluído numa região extremamente conservadora; a pressão social se exercerá no sentido de os parceiros serem "malvistos", rejeitados pela comunidade e incompreendidos.

Embora talvez não o tivéssemos conseguido inteiramente, procuramos fazer com que a sucessão da descrição dos diferentes tipos de relações amorosas corresponda ao que, provavelmente, constitui a evolução da humanidade e, quem sabe, de muitas pessoas em matéria de comunicações e relações amorosas; deixamos ao próprio leitor também esta descoberta, se ele já não a fez por si próprio.

Será possível chegar imediatamente aos tipos mais evoluídos de amor sem passar pelos outros? É um problema difícil de solucionar; a aprendizagem se processa por comparações, por ensaios e erros; a aprendizagem da vida amorosa não escapa a estas leis; é provável que poucos sejam os que chegam a certo tipo de relação amorosa mais profunda, tal como está descrito neste livro; o que podemos afirmar com certa segurança é que em maioria as pessoas que participaram das nossas experiências de Psicodrama e de Dinâmica de Grupo, ou que nos procuraram em entrevistas individuais, estão à procura do caminho que leva à comunicação profunda entre os seres humanos; todos os grupos procuram de manei-

ra espontânea superar as barreiras que impedem o encontro autêntico e existencial; vencer essas barreiras é uma verdadeira reaprendizagem, que constituirá objeto do último capítulo deste livro.

Alguns leitores serão talvez levados a rejeitar a rigidez do aspecto esquemático do presente volume; estamos de pleno acordo com eles; é, provavelmente, muito raro encontrar alguém que apresente, no estado puro, uma das formas de relações amorosas aqui descritas.

Há quase sempre presença ou "dosagem" de uma ou de várias outras. O que existe na maioria das pessoas é a tendência ao predomínio de uma das formas; isto pode dar-se a vida toda; pode existir somente em certas épocas, reaparecendo periodicamente sob forma cíclica; pode haver, enfim, como já dissemos, evolução ou mudança de uma forma para outra. A rigidez dos esquemas, como quase sempre acontece, visa apenas a maior clareza na exposição do assunto, propiciando ao leitor possibilidade de assimilar e compreender melhor o que passamos a expor.

Capítulo I
A relação genital

De todas as formas de relações amorosas é a relação genital a mais primitiva, pois é inteiramente dominada pelo instinto sexual, comum aos homens e aos animais em geral.

Muitos fazem das relações genitais a finalidade última do amor, e por isso mesmo chegam até a negar outras formas de relações amorosas; não há dúvida de que a maioria destas terminam em relações puramente genitais, isto é, terminam em orgasmo ou pelo menos o integram.

Existem realmente pessoas que, ao encontrarem outras de sexo oposto, só pensam numa coisa: ter relações genitais, com uma única finalidade – aliviar a tensão a que estão sujeitas. A tensão pode nascer ao depararem um companheiro; pode também preexistir ao encontro e, neste caso, a primeira pessoa que se lhes apresentar poderá constituir um parceiro.

Para estas pessoas aliviar a tensão consiste em chegar ao orgasmo de qualquer jeito, com qualquer parceiro e o mais depressa possível. Iremos descrever mais adiante, com maiores detalhes, as características principais da relação genital. Antes, porém, queremos tecer algumas considerações sobre a origem do instinto que compele as pessoas a se unirem sexualmente.

§ 1. Origem e explicação da relação genital

Muito se tem escrito sobre o coito e sobre as carícias e o beijo que o precedem; não é nosso objetivo, aqui, retomar estas descrições já demasiadamente clássicas que o leitor, se já não as conhece, pode encontrar em farta literatura; pouco se tem escrito, porém, sobre as raízes profundas do coito. Existem, é verdade, inúmeras pessoas e autores que afirmam que o coito tem como finalidade última a procriação; que a natureza ou Deus criaram o coito para os homens terem filhos e para assim "garantir" a perpetuação da espécie. Veem estas pessoas algo de finalizado nas relações genitais, de origem "natural" ou de origem religiosa.

Um dos mais íntimos colaboradores de Freud, o Dr. Ferenczi, elaborou uma teoria, até hoje pouco conhecida, que, à primeira vista, choca o senso comum, mas que parece apoiada em fatos bastante perturbadores. Ferenczi demonstra que o impulso sexual seria antes de tudo uma tendência por parte do homem a querer voltar ao ambiente de paz da vida intrauterina; a tensão criada pelo fato de o corpo adulto não poder mais caber no útero só é aliviada graças ao coito e à ejaculação final que consiste no desprendimento de uma ínfima parte sua que irá penetrar lá. Já que o corpo todo não pode entrar fica uma parte dele permanecendo no útero.

A tensão criada pela tendência a voltar ao útero materno teria por sua vez raízes mais profundas ainda, raízes que Ferenczi foi procurar na história da evolução da espécie animal. Como se sabe, há muitos indícios de que os mamíferos eram antigamente peixes e viviam em meio marítimo.

Com a secagem progressiva do mar, houve necessidade de os ancestrais dos mamíferos se adaptarem paulatinamente à vida extramarinha; nessa adaptação, tiveram de encontrar um meio parecido com o ambiente aminiótico marinho onde se pudessem desenvolver os ovos; esse meio marinho foi-se, progressivamente, constituindo no útero; tudo indica que a vida do feto seja idêntica à vida de um peixe. O nascimento não seria mais que o reacontecimento, no plano individual, da grande mudança traumática dos animais que tiveram de passar da vida e respiração marinha à vida e respiração atmosférica.

Assim, além de uma "saudade" muito forte da vida intrauterina, a tensão sexual seria, também, a expressão de uma "saudade" mais forte e mais profunda ainda, que seria a saudade do oceano, cujos remanescentes se encontrariam no útero.

São inúmeras as provas que Ferenczi traz em apoio à sua teoria; entre outras, podemos citar as seguintes: a fecundação dos animais que não possuem membrana aminiótica (como o útero) e o desenvolvimento dos seus ovos se fazem fora do corpo materno e, a maioria das vezes, ainda dentro da água, não havendo cópula; só as espécies terrestres possuem membranas aminióticas; certos animais anfíbios, que vivem ao mesmo tempo na água e na atmosfera, como o sapo, podem fazer desenvolver os seus ovos na água ou no interior do próprio corpo; neste último caso efetua-se uma cópula muito primária: aplicação da cloaca macha na cloaca fêmea. Outra prova seria o cheiro peculiar de peixe que se encontra na mulher

menstruada; análises químicas têm revelado substâncias típicas da fauna marinha no material do mênstruo. No plano dos símbolos e da mitologia, encontramos, também, inúmeros traços a favor da teoria de Ferenczi; o órgão masculino simbolizado por um peixe; os sonhos que trazem muitas vezes uma analogia simbólica entre o corpo materno e o mar, sem falar na lenda do dilúvio universal, que, na realidade, parece ser uma deformação pelo homem da seca universal, sendo a arca de Noé símbolo profundo do refúgio no corpo materno.

O ato sexual seria, então, segundo Ferenczi, uma regressão ou a resultante de um desejo de regressão à vida intrauterina e à vida marinha. A este fenômeno dá ele o nome de "Regressão Talassaliana".

Ainda que o leitor não queira aceitar a versão de Ferenczi, será forçado a reconhecer que muitas características do ato genital lembram uma regressão do comportamento humano aos primórdios da vida. Descreveremos a seguir esse comportamento.

§ 2. Características principais da forma genital das relações amorosas

Possivelmente, pelas razões descritas acima, o impulso sexual é extremamente poderoso; inúmeras pessoas fazem da sua realização através do coito um objetivo principal de vida e, nas suas relações amorosas, visam exclusivamente ou predominantemente à cópula. Mostraremos agora como se caracterizam o comportamento e o sentimento dessas pessoas.

1.° Sentimento de que a tensão precisa ser aliviada o quanto antes. – A necessidade de realização imediata do desejo sexual é uma das características essenciais da forma genital de relações amorosas; há uma espécie de pressa em se satisfazer, o que lembra em muitos pontos a fome.

2.º Qualquer objeto serve. – Quanto maior a fome, menos importante a qualidade do alimento; da mesma forma, quanto maior o desejo sexual, menos importante a natureza do parceiro. Eis a amargura externada por uma das personagens de J.P. Sartre, Boris, após ter tido relações do tipo "genital" com Lola, no livro do autor *L'Age de Raison:* "[...] A gente não sabe mais o que faz, a gente se sente dominado e, depois, para que serve o fato de ter escolhido a sua própria mulher, pois seria a mesma coisa com todas; trata-se de coisa fisiológica". O parceiro é tratado como "objeto" de satisfação da necessidade. Acontece mesmo, como é o caso no interior, nas zonas rurais, que adolescentes tenham relações com animais, já que é proibido tê-las com o sexo oposto; isto mostra até que ponto, para as pessoas desse tipo, pouco importa o parceiro; isto não quer dizer que não haja escolha, quando possível. Outros ainda se masturbam por falta de "objeto".

3º) **Redução das carícias e atenções ao mínimo necessário para obter a excitação.** – O que importa para essas pessoas é obter, pelos meios mais rápidos possíveis, a cooperação e o desejo por parte do parceiro.

O homem procura conseguir esse fim com elogios nem sempre sinceros, carinhos, beijos e outros recursos já descritos por inúmeros autores de livros sobre esta espécie de relação amorosa, mais especialmente sobre a "arte de conquistar".

A mulher costuma provocar o homem pelo seu modo de andar, por alusões jocosas e carinhos, até obter tensão suficiente para que o homem tome as iniciativas. Provavelmente por motivos de pressão social e de educação as formas femininas de atração do homem, visando ao coito, são muito mais discretas e disfarçadas; a própria resistência que muitas opõem parece ser apenas convencional; não querem que o homem "pense mal" delas.

4°) **A comunicação pelo olhar.** – Em geral, os parceiros necessitados de relações genitais, sobretudo quando não se conhecem, costumam usar o olhar para "sentirem-se" um ao outro; os olhares que se cruzam e se interpenetram têm algo de lascivo que faz com que eles sintam e saibam que se desejam mutuamente; este tipo de comunicação parece, no entanto, ser muito diferente da fusão dos olhares no encontro "existencial" de que falaremos mais adiante.

Em muitos colégios religiosos de moças costuma-se treinar as alunas, pelas razões acima expostas, a evitar o olhar dos homens.

Muitas mulheres evitam o olhar dos homens pelo receio de nele encontrarem o apelo para relações genitais.

5°) **Rapidez do coito.** – Sendo o objetivo exclusivo aliviar a tensão, o coito é em geral rápido; a necessidade é tão premente por parte dos parceiros que estes se esquecem das necessidades um do outro, se não as desconhecem, por falta de educação sexual; esta é outra característica da forma genital das relações amorosas.

6°) **Descompasso entre o orgasmo dos parceiros.** – Diante da pressa em satisfazer de maneira egoística a necessidade de aliviar a sua tensão, cada parceiro só pensa na sua própria necessidade, só cuida dela, sem pensar na do outro. Resulta disto ter o homem a sua ejaculação antes ou depois do orgasmo da mulher e vice-versa, e daí se origina um sentimento de frustração para o que ficar em atraso. Isto é mais frequente en-

tre pessoas jovens e de pouca experiência sexual. Pode ser também o reflexo do egocentrismo por parte de um ou outro companheiro. "Você não me esperou", é a queixa em geral ouvida nestes casos.

7°) **Perda de interesse pelo parceiro.** – Uma vez satisfeita a necessidade, o parceiro se desinteressa totalmente do seu "objeto"; muitas vezes há até uma vontade de se ver livre dele, o mais depressa possível; este sentimento parece mais frequente por parte do homem do que da mulher, que tem tendência a se afeiçoar mais facilmente e a segurar a presença dele, o que aumenta a sua impaciência e aborrecimento; é um sentimento análogo ao que têm as pessoas que comeram muito e que não suportam ver os restos de comida na sua frente. Depois vem o tédio.

8°) **Tédio e solidão a dois.** – Quando predomina nos casais esta forma de relações amorosas e eles se reencontram fora do coito, têm ambos o sentimento de que nada há de comum entre eles, de serem dois estranhos, unidos apenas pela

cópula, cuja necessidade reaparece por ciclos. Quanto maior o entusiasmo na cópula, tanto maior o tédio posterior.

9°) **Aspecto cíclico.** – A tensão reaparece com frequência inversamente proporcional à idade das pessoas; há então uma espécie de ciclo do amor genital que influencia as relações de casais deste tipo; o carinho e o entusiasmo aumentam à medida que cresce a tensão.

§ 3. **A forma genital na civilização moderna**

Pela descrição que acabamos de fazer, muitos já reconheceram o círculo vicioso existente entre a necessidade de descarga de tensão e o tédio posterior; a tensão leva ao tédio e, para fugir dele, procura-se a tensão sexual ou outras.

Temos a impressão de que a nossa civilização está desenvolvendo na juventude a forma genital das relações amorosas; vários indícios nos levam a pensar assim. O primeiro fator é a invasão de conteúdos sexuais na propaganda comercial; a mulher nua e seminua é constantemente associada ao produto que se quer vender; há uma tendência constante a correlacionar a imagem da mulher com objetos de satisfação; daí ser considerada pelo homem quase como objeto. Outro fator é o cinema que apresenta cada vez mais, por motivos de bilheteria, filmes cujo único objetivo é mostrar casais na cama. Terceiro fator é a literatura atual sobre o amor; inúmeros livros limitam-se a descrever com fartura de detalhes como fazer uma cópula bem-sucedida; limitam a imagem do amor à cópula ou às suas preliminares.

Muitos educadores, também, ao fazer a chamada "educação sexual", limitam-se a descrever de modo mecanicista os fenômenos do coito, insistindo ainda na melhor maneira de evitar doenças.

Isto, no entanto, não é de estranhar, pois as raízes deste conceito se encontram nos autores latinos anteriores a Jesus Cristo: a *Arte de amar* de Ovídio, por exemplo, é, na realidade, uma descrição da arte de seduzir, seja qual for a pessoa.

Muitas são, entretanto, as pessoas que não se satisfazem apenas com a forma genital do amor; procuram desenvolver as "preliminares", partidárias que se mostram de uma outra forma de amor, a forma sensual de que trataremos no próximo capítulo.

Capítulo II
A forma sensual do amor

Enquanto a forma genital do amor tem por finalidade o alívio da tensão sexual, a forma sensual consiste na procura do máximo de prazer para todos os sentidos através do atraso do alívio dessa tensão; na forma sensual do amor, os parceiros procuram aumentar a tensão, prolongá-la, visando a tirar da mesma todos os proveitos possíveis para os sentidos.

Se comparássemos o instinto sexual com a fome, poderíamos dizer que a forma genital corresponde ao alívio da fome com qualquer alimento, o mais depressa possível; a forma sensual corresponderia à gastronomia, à arte de comer bem, isto é, de prolongar o prazer de matar a fome com todos os requintes possíveis.

§ 1. Critérios para reconhecer a forma sensual

Assim como existem tratados de gastronomia, encontramos inúmeros livros que descrevem como se pode tirar o máximo de prazer do ato sexual; o mais antigo é o famoso *Kama Sutra* hindu. Não é nosso objetivo, aqui, descrever as centenas de formas de obter o prazer dos sentidos; o que procuramos é mostrar ao leitor quais os sentimentos profundos que costuma despertar tal tipo de relação amorosa, como se manifestam e quais as suas consequências sobre a existência dos parceiros.

1°) **Procura de variação. Tipos de excitação.** – O que mais caracteriza a forma sensual é a procura de variação de estímulos por todos os meios: variação de excitação das chamadas zonas erógenas, variação de posições durante as relações sexuais.

2°) **Procura de variação de parceiros.** – Em muitos casos, os pares não se contentam com as suas próprias relações; há uma permanente propensão para a procura de novidade através da mudança de parceiros. O argumento que essas pessoas frequentemente utilizam é que "não é possível comer frango todos os dias".

3°) **Estado de permanente insatisfação.** – Mesmo com a mudança de parceiros, continua uma tendência constante a encontrar novas formas de excitação dos sentidos; no amor sensual, os parceiros nunca estão inteiramente satisfeitos; procuram "a paz para os seus nervos", mas não conseguem encontrá-la.

4°) **Procura de estimulantes.** – Como, aos poucos, cria-se o hábito de empregar todos os meios de excitação que, depois de certo tempo, passam a não fazer mais o mesmo efeito que nos primeiros dias, as pessoas procuram recursos artificiais para reviver o prazer perdido ou diminuído. As bebidas alcoólicas são o estimulante mais frequentemente usado, sobretudo, porque tiram dos parceiros o sentimento de culpa que acompanha muitas vezes o uso de práticas sensuais condenadas pela moral e pela religião.

A leitura de literatura excitante, a assistência a espetáculos e filmes com temática sexual constituem outra pimenta no prato da sensualidade.

5°) **A "Dolce Vita".** – As orgias romanas foram reeditadas no século XX e descritas na tela por Fellini; não parece haver dúvida de que o próprio filme de Fellini, cuja mensagem profundamente humana era evidente, em vez de constituir uma advertência para os espectadores, estimulou inúmeros casais, no mundo inteiro, a encontrarem na "Dolce Vita" mais um recurso de amor sensual, sob forma exibicionista e coletiva.

6°) **Solidão a dois e tédio.** – A forma sensual do amor está cheia de emoções tão violentas que o resto do tempo, que é o maior, parece desprovido de interesse; o contraste entre o período de relações amorosas e o de outras atividades é tão grande que, da mesma forma que no caso da relação genital, os casais costumam queixar-se de uma sensação de solidão e de tédio, que só desaparece com mais sensualidade. Quanto maior a sensualidade, tanto maior é o tédio posterior; quanto maior é o tédio, mais sensualidade se procura; os parceiros entram num círculo vicioso.

7°) **Procura de reciprocidade no prazer dos sentidos.** – A sensualidade no amor constitui um passo à frente sobre as relações puramente genitais, já que se procura obter também algo que agrada ao parceiro. Há uma troca de carinhos e uma reciprocidade na excitação; a experiência sexual dos parceiros leva-os mesmo a esperar o momento de os dois chegarem ao orgasmo final; há uma espécie de "prazer em dar prazer para poder também receber prazer", o que não deixa de ser uma forma de altruísmo ou, pelo menos, um primeiro passo na sua direção.

8°) **A comunicação entre os sensuais.** – Da mesma maneira como no caso da forma genital do amor, os parceiros costumam reconhecer entre si a sua necessidade através do olhar e de certas expressões fisionômicas. Durante as relações amorosas, a voz, as carícias, as expressões fisionômicas e o próprio ritmo do coito constituem outras tantas maneiras de os parceiros se comunicarem entre si.

9º) **Retardamento do orgasmo.** – Nessa comunicação, que acompanha as relações sensuais, cada parceiro procura indagar do outro se está recebendo o máximo de prazer e, sobretudo, se não está chegando ao orgasmo. Parece que o objetivo comum é chegar ao orgasmo o mais tarde possível, ao contrário do caso das relações puramente genitais.

§ 2. **Desenvolvimento da sensualidade no século XX**

Tudo o que dissemos a respeito da estimulação permanente do homem a relações genitais vale também para a forma sensual do amor.

Principalmente sob a influência desinibitória de Freud – que, diga-se de passagem, jamais o preconizou – está-se desenvolvendo um verdadeiro frenesi de sensualidade no mundo inteiro, alimentado, como já assinalamos, pela literatura, pelo cinema, pela televisão e pela propaganda comercial.

O homem não pode mais andar na rua nem pegar uma revista ou jornal sem que receba estímulos visuais, incitando-o a procurar prazeres sensuais; existe verdadeira propaganda da sensualidade que contribui, sem dúvida, para incentivar cada vez maior número de pessoas à preferência pela forma sensual do amor.

§ 3. É o amor sensual duradouro?

Muitos atribuem a Freud a responsabilidade desta preferência. Muito pelo contrário, disse Freud, a respeito da extinção do amor sensual, que "são justamente as tendências sexuais desviadas do seu objetivo que criam entre os homens os laços mais duradouros. Isto se explica facilmente pelo fato de estas tendências não serem capazes de receber uma satisfação completa, enquanto as tendências sexuais livres estão sujeitas a um enfraquecimento extraordinário, a uma baixa de nível, cada vez que o objetivo sexual se acha atingido. O amor sensual tende a extinguir-se, uma vez satisfeito; para poder durar, deve associar-se, desde o início, a elementos de afeto puro, deve ser desviado do objetivo sexual ou sofrer, em determinado momento, transposição deste gênero" (*Ensaios de psicanálise*).

Existem inúmeras uniões fundamentadas quase exclusivamente em relações sensuais; muitas são duradouras, pois resultam de uma seleção dos parceiros entre si, a qual os torna quase insubstituíveis um para o outro; eles conhecem as preferências e hábitos sexuais de cada um e se acostumam um ao outro. Basta, porém, diminuir a potência sexual de um deles ou surgir uma doença que interrompa temporária ou definitivamente as suas relações, para aparecer então o vazio psicológico entre os dois. Muitas uniões se dissolvem assim, por se terem baseado tão somente no prazer dos sentidos; as pessoas tomam consciência de que eram apenas "objetos" de satisfação recíproca; o mais frustrado começa então a procurar outros "objetos", e termina caindo no mesmo círculo vicioso. Inúmeras pessoas passam a vida inteira à procura de novos "objetos" de prazer, sem tomar consciência do que se está passando com elas; dizem, então, que o amor é uma "loteria" ou uma "ilusão"; que o amor é constituído só de "momentos" que precisam ser vividos e aproveitados ao máximo; ou, ainda mais simplesmente, que "não acreditam no amor".

Nada mais ilustrativo do amor sensual do que o seguinte trecho do livro de Morris West, *A filha do silêncio*, que transcrevemos para o leitor:

"– Assim como? – perguntou Lazzaro, irritadamente, enquanto apanhava a gravata.

– Quando nos encontramos, é como se fosse a 'ouverture' de uma ópera. Quando nos amamos, é tudo drama e música. Quando partimos... é como se estivéssemos pagando um táxi.

O rosto belo e moreno de Lazzaro contraiu-se com ar de espanto.

– Que é que você esperava, cara? A coisa é assim mesmo. Depois que se toma o vinho, a garrafa se esvazia. Terminada a ópera, não se fica à espera de que venham limpar o teatro. A gente já se divertiu. E vai para casa à espera que haja outra representação.

– É isso tudo?

– Que mais pode haver, cara?, pergunto-lhe, que mais?"

Sente-se aqui, em todo o seu realismo, o quanto cada um pode chegar a considerar o outro como "objeto".

A sensação de ser "objeto" torna-se, às vezes, intolerável. Marilyn Monroe ter-se-ia suicidado em grande parte por não aguentar mais ser considerada como "objeto" de prazer: a palavra "objeto" foi escrita por ela mesma.

Por isso, muitos chegam à conclusão de que "sexo não é tudo no amor" e de que é preciso haver outros aspectos a fim de que os parceiros se amem. Entre estes se encontram o sentimento e a simpatia que, na realidade, constituem, na maioria das vezes, o resultado de uma relação "transferencial", que será o motivo do próximo capítulo.

Capítulo III
A forma transferencial

"Eu gosto dele porque é parecido com o meu pai" – "Você já notou como o meu noivo se parece com o meu irmão mais velho? Até o jeito de andar é o mesmo" – "Não aguento mais a minha namorada; tem muita semelhança com a minha mãe; até nas manias!"

§ 1. Que é transferência?

Muitas pessoas namoram e casam conscientemente, porque o seu parceiro tem semelhança física ou moral com um parente próximo, geralmente com o pai ou a mãe. Na maioria das vezes, sentem simpatia e têm sentimentos de amor, sem terem nenhuma consciência dos motivos profundos da escolha; no entanto, a influência parental está presente. Pelo menos foi o que Freud e os psicanalistas descobriram.

Como se sabe, Freud se perguntou por que as pessoas do seu gabinete tinham grande simpatia ou antipatia por ele; ao aprofundar o problema, os pacientes neuróticos acabavam reconhecendo que estavam reagindo à sua autoridade como costumavam reagir à dos seus próprios pais; quem tinha conflitos com o pai, acabava tendo relações conflitivas com Freud. A liberação dessas cargas agressivas é que faculta o tratamento das neuroses através da psicanálise. Freud denominou de *transferência* este fenômeno de "passagem" dos sentimentos de uma pessoa para outra.

Os psicanalistas consideram que a maioria das nossas simpatias e atrações amorosas tem como base fundamental o fenômeno da transferência de sentimentos mãe-filho e pai-filha. Na maioria das vezes, reproduz-se entre os parceiros o mesmo tipo de relações que existia com o parente de sexo oposto. O fenômeno da transferência não seria, por conseguinte, algo limitado ao gabinete dos psicanalistas, mas existiria nas nossas relações amorosas em geral.

Se pensarmos bem, não precisamos recorrer às descobertas da psicanálise para verificar o seu acerto. Basta pensar que um filho recebe (ou não recebe) carinhos e mimos da mãe durante quase vinte anos da sua existência; da mesma forma uma filha tem diante de si o modelo masculino do pai durante tempo às vezes até maior; ora, nos primeiros anos da existência a alma infantil é como uma fita de gravação: quem teve mãe extremamente carinhosa tentará, evidentemente, compensar a sua falta, quando adulto, procurando numa mulher o mesmo tipo de carinho; quem teve pai paciente e diplomata, procurará um marido com tais características. Mulher que teve pai enérgico e autoritário terá simpatia por homens decididos e dominadores; caso a própria mãe tenha sido submissa e obediente ao pai, a filha terá a tendência a imitar a mãe nas suas relações com o seu marido: dizem os psicanalistas que ela se estará "identificando" com a sua mãe, adotando ou *introjetando* o seu modo de reagir ao comportamento do homem.

Através da imitação e introjeção das opiniões, atitudes e comportamento dos nossos pais e demais educadores, formam-se a nossa personalidade e mais particularmente as nossas tendências preferenciais para determinados "tipos" de parceiros.

Para dar ao leitor a possibilidade de acompanhar melhor a continuação deste capítulo, vamos insistir sobre as noções de transferência, identificação, introjeção e projeção.

A *transferência* consiste, como indica a palavra, em "transferir" para outra pessoa sentimentos que temos ou tivemos no passado em relação a pessoas da nossa família. Se, por exemplo, tivemos conflitos sérios com a autoridade paterna, teremos provavelmente tendência a entrar em conflito com outros tipos de autoridade: professores, chefes, regulamentos. Se a mulher tiver um marido autoritário dificilmente tolerará submeter-se às ordens do cônjuge.

A *identificação* consiste em imitar inconscientemente um ou outro dos nossos educadores, autoridade ou amigo. A identificação se faz, em geral, quando admiramos determinada pessoa, ou quando uma pessoa constitui um obstáculo para nós. Este último comportamento é muito frequente na criança, que quer ser igual aos pais, para ser tão poderosa quanto eles, o que explica, em grande parte, por que tantos filhos ou filhas têm o mesmo comportamento, as mesmas atitudes e gostos idênticos aos dos pais: *introjetaram* a maneira de ser dos pais; na maioria das vezes o filho *introjeta* as opiniões, atitudes e comportamento do pai e a filha *introjeta* os valores e conduta da mãe; há também, na mesma criança, uma dosagem do pai e da mãe, ou mesmo uma inversão, que faz com que tenhamos mulheres com tendências masculinas e homens com tendências femininas.

A *introjeção* consiste, por conseguinte, em "trazer para dentro de si", em adotar e incorporar na própria pessoa as maneiras de ser e de pensar de outrem; podemos ter passado a adotar, por *introjeção*, até mesmo as preferências dos nossos pais por determinado tipo de parceiro. Assim, por exemplo, um homem, além de *introjetar*, de passar a adotar o gosto do seu pai pelo futebol e pela pesca, preferirá o tipo de mulheres que, na opinião do pai, são as mais indicadas; além disso, por *introjeção*, poderá adotar as mesmas reações que o seu pai teve em relação à sua mãe em determinada ocasião; se, por exemplo, ele viu o pai zangar-se toda vez que a mãe tentava fumar, terá ele também tendência a zangar-se com a sua parceira em oportunidade idêntica, sem se lembrar do porquê desse comportamento.

A *projeção* consiste em atribuir a outra pessoa uma imagem que temos dentro de nós, imagem que *introjetamos* no passado. Quando emprestamos a outrem sentimentos, opiniões, atitudes, sem que tenhamos provas evidentes da sua realidade, estamos *projetando* na outra pessoa aquilo que, de fato, está em nós. Se *introjetamos*, por exemplo, a imagem da nossa mãe como modelo de esposa, teremos uma tendência a pensar que determinada moça com alguns traços físicos semelhantes aos da nossa mãe terá também todos os gostos e comportamentos de que gostávamos ou que o nosso pai gostava na pessoa da nossa mãe; através da "projeção" passamos, então, a gostar da moça, isto é, a *transferir* para ela os sentimentos que tínhamos para com a nossa mãe.

Como o leitor já deve ter adivinhado, se, porventura, a moça realmente tiver os traços de personalidade que o rapaz nela *projetava*, haverá, por parte dele, uma consolidação dos laços afetivos. Se, pelo contrário, a semelhança for apenas física, a decepção será grande e haverá tendência ao rompimento das relações amorosas.

§ 2. A relação transferencial

O leitor também deve estar concluindo que, mesmo que a imagem que o homem tem da mulher coincida com o seu comportamento e a sua maneira real de ser, ainda é necessário que o contrário também se dê: a imagem que a mulher projeta no homem e que seria, por exemplo, a imagem do pai, também precisa coincidir com a realidade, para haver certa harmonia.

Há, consequentemente (e isto é uma simplificação extrema da realidade), pelo menos dois fatores essenciais a distinguir em cada um dos parceiros, quando se trata de relação "transferencial":

1°) *O comportamento real,* nas suas relações com o parceiro. Por exemplo: se ele o trata ou reage como pai, como mãe ou como filho.

2°) *A imagem* que cada um tem do outro, isto é, a expectativa que o homem tem em relação à mulher e a mulher em relação ao homem. Por exemplo, a mulher espera encontrar no homem o seu pai, ou o homem espera encontrar na mulher a sua mãe.

Ao se comportarem como pai ou como filho, as pessoas assumem o que Moreno chamou de *papel social.* Todos nós representamos papéis sociais na maior parte da nossa vida. E também mudamos de papel no mesmo dia ou na mesma hora: no escritório podemos fazer o papel de chefe em relação aos nossos subordinados e de subordinado em relação ao nosso chefe; ao chegar à casa, preenchemos o papel de chefe de família e, no caminho para casa, de ônibus, estamos no papel de viajante.

Assim, nas suas inter-relações amorosas, os casais, no caso da forma transferencial do amor, assumem também papéis diferentes, em momentos diferentes; quando os papéis coincidem com a imagem criada pela transferência e pela projeção, a relação poderá ser sentida como satisfatória para os dois, desde que reproduza situações agradáveis da infância.

Em termos de *papéis sociais* podemos representar a relação transferencial recíproca em que coincidem os papéis da seguinte forma:

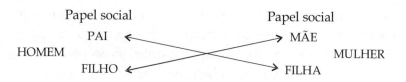

Como se vê, é no momento em que a mulher sente necessidade de voltar a ser menina que o homem precisa estar no seu papel de pai, e vice-versa.

Na maioria das vezes, o papel do homem como pai é o de dirigir, orientar, tomar decisões, raciocinar e tomar iniciativas.

O papel da mulher-mãe é o de dar afeto, carinho, proteção.

A mulher, no seu papel de filha, procurará, no homem-pai, direção, orientação e decisões, e o homem, no seu papel de filho, procurará, na mulher-mãe, afeto, carinho e proteção.

Um exemplo bem ilustrativo deste tipo de relação é o momento frequente em que o homem aninha a sua cabeça no ombro da mulher; nesse momento, a mulher se sente mãe e o homem volta a ser filho. Ele transfere à mulher os sentimen-

tos que tinha em relação à mãe; nessa hora, também, a mulher se identifica com a sua própria mãe.

Na realidade, dificilmente existe a identificação integral com o parente do mesmo sexo; também há, quase sempre, influência, em nós, do sexo oposto; há no homem uma certa dose de sentimentos "maternais", como há na mulher tendências tipicamente masculinas; o nosso sistema glandular hormonal também contribui para esta dosagem.

Ocorrem, todavia, inversões de papéis, em que o homem assume o papel feminino e a mulher o papel masculino, sem que haja, porém, homossexualidade manifesta; o homem tem, neste caso, necessidade de dar carinho, proteção e afeto e de procurar mulher ativa, realizadora, "conselheira", que lhe ajude a tomar decisões. É o caso do homem que se identificou mais com a mãe e procura uma mulher-pai. O inverso se dá com muitas mulheres "ativas".

Neste caso, a representação dos papéis se fará da seguinte forma:

Tais tipos de relações são observáveis em muitos casais. Na realidade, a dosagem, de que acabamos de falar, constitui um fator que complica de muito o estudo das relações transferenciais. Por exemplo, nos momentos de fraqueza do homem, a mulher assume papel mais ativo e não é raro ver o homem assumir papéis tipicamente femininos, tais como cuidar da cozinha, das crianças e ninar a mulher, quando esta adoece.

§ 3. É a relação transferencial sinal de neurose?

Reina muita confusão em torno do significado da relação transferencial. Algumas pessoas acham que "casar com um homem parecido com o pai" revela caráter anormal e neurótico. Nesse caso, a maior porcentagem da humanidade seria neurótica e anormal, pois a transferência e a identificação constituem fatores preponderantes na escolha dos parceiros entre si. O fato de este motivo de escolha ser inconsciente também não dá à escolha caráter neurótico.

Neurótica é a situação em que um dos parceiros transfere para o outro, de modo inconsciente, os conflitos que tinha com os pais – a esposa agride o marido porque tem vontade inconsciente de agredir o pai, que provocou, nela, anos de revolta recalcada. A isto denominamos uma reação *neurótica*, reação do tipo que alimenta os consultórios dos psicanalistas.

Pela leitura de livros de psicanálise ou pela assistência a filmes sobre o assunto, muitas pessoas são levadas a descobrir um ou o principal motivo da escolha do seu parceiro ou parceira; tomam consciência da natureza transferencial da sua união; pensam então que a relação não tem razão de ser e que não é o verdadeiro amor, já que não estão amando a pessoa, mas sim ao seu parente, através do parceiro. Tenho a impressão de que tal confusão deve ter levado muitas pessoas a desentendimentos. Com efeito, a psicanálise mal compreendida pode tornar-se nociva, ao invés de benéfica.

A relação transferencial é um fator poderoso de aproximação dos dois sexos. É verdade, como se pode inferir dos esquemas acima descritos, que se encontram entre si os *papéis* de pai e de filha e vice-versa, mas está ausente o encontro direto do homem e da mulher. Ora, como dissemos no início deste livro, é importante que o leitor tenha em mente que estamos falando de formas de amor, formas que raramente existem no estado puro. Assim, a forma "transferencial" pode constituir momentos da vida amorosa, e até mesmo caminho para a descoberta de outras formas de relação amorosa. Há, no entanto, situações transferenciais que constituem obstáculos sérios para o homem e a mulher se encontrarem em outros planos. Indicaremos a seguir alguns desses obstáculos.

§ 4. Quando a relação transferencial se transforma em barreira

Dissemos mais acima que a relação transferencial harmoniosa se caracteriza pela reciprocidade das expectativas dos papéis. Isto pressupõe certas condições essenciais:

1º) As *relações* dos dois parceiros *com os seus próprios pais* terem sido em geral *harmoniosas*. Já vimos que a transferência pode ser *positiva* (amor, simpatia), mas também, como será provavelmente neste caso, *negativa* (ódio, antipatia, frieza, agressão). Será preciso, por conseguinte, que o modelo seja aproximadamente idêntico ao que descrevemos mais acima.

2°) *Ausência de evolução pessoal e unilateral* dos parceiros. Suponhamos que durante alguns anos haja, num casal, uma relação do seguinte tipo (patriarcal):

Nesta relação, o homem decide e dirige os destinos da mulher, que se submete, passivamente, como "boa filha", ao pai. Se este decidir que "domingo iremos assistir ao campeonato de futebol" ela concordará imediatamente e no domingo, pela manhã, preparará os sanduíches, para que tudo corra bem. O homem sentir-se-á tão importante quanto achava que o pai o era, em situação idêntica.

Suponhamos agora que, estimulada por uma amiga, ela resolva assistir a uma conferência sobre "os direitos da mulher" e passe a tomar consciência de que precisa preparar-se para ser uma eficiente secretária e ganhar a vida e, daí em diante, comece a realizar aquilo a que sempre aspirou, comprando tantos vestidos quantos queira. Que acontecerá?

No domingo, em vez de acompanhar o marido ao campeonato de futebol, terá de preparar provas para o curso noturno. Acabaram-se os sanduíches para o maridinho, que fica sozinho todas as noites, esperando a mulher em casa, se é que, como patriarca, aceita esta situação, inteiramente nova, que podemos representar da seguinte forma:

O homem-pai continua com a imagem da mulher-filha, mas esta se transformou em mulher-secretária, procurando a sua autonomia. Surgirá um conflito devido à evolução da mulher e à inadaptação do marido a esta nova situação. Uma vez mais independente economicamente, passará a mulher a tolerar cada vez menos as "decisões" tomadas pelo marido, o qual, por seu turno, ficará cada vez mais revoltado com a emancipação da mulher.

§ 5. Instabilidade da relação transferencial

A evolução da nossa sociedade constitui uma permanente ameaça às relações transferenciais, no que se refere à sua estabilidade. A pressão, que se traduz na mudança de tradições nas gerações mais novas, na propaganda indireta na literatura e no cinema, faz com que muitos casais, em que predomina a relação transferencial, entrem um dia ou outro em crise. Terão, portanto, de ensaiar nova forma de equilíbrio, nova forma de viver, enfim, nova forma de amar.

Muitos procuram descobrir o que têm em comum no que concerne a gostos, interesses, opiniões; descobrem, então, nova forma de amor, a forma motivacional, que será objeto do próximo capítulo.

Capítulo IV
As formas motivacionais

§ 1. Que é motivação?

A personalidade de cada um de nós caracteriza-se, sobretudo, para as pessoas que de fora nos observam, pela nossa maneira de ser e pelo nosso comportamento.

Este comportamento, esta maneira de ser, são "motivados" por opiniões, atitudes, gostos, interesses e necessidades. Vejamos alguns exemplos:

– Ir à igreja no domingo é um comportamento que traduz provavelmente opiniões e atitudes religiosas.

– Ir a concertos ou ficar horas ouvindo discos é um comportamento que exprime interesse musical.

– Assistir ao futebol todos os domingos e feriados, jogar baralho ou ser espectador de filmes policiais denota interesse pelo *suspense* e necessidade de emoções fortes.

– Praticar natação, *volley*, futebol ou peteca é um comportamento motivado por interesse nos esportes e movimento.

– Participar de obras sociais, dar roupas e dinheiro para os pobres, indica interesses filantrópicos e sociais.

– Defender os direitos dos outros, revoltar-se contra injustiças, culpar a quem o merece, fazer questão de ser um exemplo de probidade e de virtude, são maneiras de ser e de agir motivadas por opiniões, atitudes e interesses pela ética, moral e justiça.

– Comprar e vender, trocar e barganhar são comportamentos que colocam em relevo interesses por negócios.

– Ficar horas a fio admirando uma paisagem, conservar imagens e gravuras, frequentar exposições de pintura, procurar a amizade e a companhia de homens e mulheres bonitas são condutas motivadas por tendências, interesses e necessidades artísticas e estéticas.

Poderíamos arrolar exemplos ao infinito, a fim de facilitar ao leitor a compreensão da ideia de *motivação*. Motivação é o conjunto de *motivos* que nos levam à *ação; os motivos* são justamente o conjunto de interesses, opiniões, atitudes e necessidades que acabamos de exemplificar, conjuntamente com os comportamentos ou *ações* correspondentes.

Assim, podemos falar em motivação literária, comercial, artística, esportiva, musical, estética, mística. A motivação corresponde, em geral, ao que a pessoa valoriza mais; diz-se que corresponde a valores; assim existem "valores" artísticos, éticos etc.

§ 2. A relação motivacional

Quando uma pessoa gosta do sistema de valores de outros, das suas motivações, ou de algumas das suas qualidades, falamos de relação motivacional; além de simples admiração, pode haver o prazer causado pelo fato de os dois parceiros sentirem que têm muitas motivações em comum e de valorizarem as mesmas coisas.

No primeiro caso, falaremos de "relações de complementação", que se configura, geralmente, quando um dos parcei-

ros teve na vida dificuldades em realizar-se no que se refere a determinado valor. Por exemplo, uma mulher, que sempre quis fazer estudos literários, mas não teve oportunidades ou aptidões suficientes, ficará satisfeita em se realizar através do seu marido, escritor ou poeta, quanto a esta sua motivação literária. Um homem que gosta de música, mas nunca conseguiu tocar um só instrumento, encontrará uma "relação de complementação" motivacional com uma pianista ou uma cantora. É a realização de parte de si mesmo na outra pessoa.

A "relação motivacional recíproca" dá-se quando os dois parceiros têm motivações e sistemas de valores comuns; gostam dos mesmos filmes, das mesmas músicas, de esportes idênticos, e assim por diante.

Há tantos tipos de relações motivacionais quantos de motivações. Veremos, a seguir, os tipos mais frequentes, obedecendo a certa hierarquia de valores, partindo dos puramente materiais para os espirituais. Começaremos com o gosto pelo conforto.

§ 3. Gosto pelo conforto

É uma das motivações mais corriqueiras dos casais, tanto por parte do homem como da mulher; o homem gosta de poltronas macias, abajur em cima da poltrona para iluminar

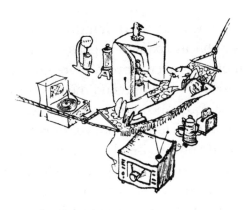

o jornal e assim por diante; para a mulher, representam o conforto aparelhos eletrodomésticos, armários embutidos, empregada doméstica.

Os alemães têm um conceito muito refinado de conforto: gostam do que chamam de *gemütlich*, isto é, algo que seria um "conforto calorosamente aconchegante", um misto de poltrona macia com fogo na lareira e música de Beethoven na vitrola. A palavra é intraduzível em outras línguas, mas o sentimento de união do casal no lar costuma ser fortalecido pelo *Gemut*.

§ 4. A relação comercial

Na relação comercial, o objetivo de um ou outro ou dos dois parceiros é satisfazer o desejo de posse através de atividades lucrativas que permitam aumentar os bens materiais. No caso de "relação de complementação", teremos a mulher, por exemplo, com espírito comercial, realizando a sua tendência, assessorando o marido, atraindo fregueses e fazendo boas "relações públicas" para os negócios do marido. Quanto à "relação motivacional recíproca", teremos o caso de inúmeros casais "sócios" em empreendimentos comerciais.

Cabe lembrar aqui a ocorrência de relações homem-mulher, em que o motivo ou um dos motivos principais é a participação nas posses do outro, visando até a uma eventual herança. A datilógrafa que se casa com o patrão milionário e o plebeu que se une com a clássica viúva rica são exemplos ilustrativos e corriqueiros deste tipo de relação motivacional.

Muito parecida à forma comercial é o "amor-barganha".

§ 5. Amor-barganha

"Devo muito a ela" – "Ele é muito bom para mim" – "É só você me dar mais carinho e eu irei com você ao futebol, todos os domingos".

Estas e outras frases traduzem uma tendência frequentemente encontrada entre casais: é a noção de que no amor há uma *troca* de satisfação de interesses.

Organiza-se uma espécie de ficha de "Débito – Crédito" e faz-se a conta do que cada um deve ou "pagou" ao outro; isto pode dar-se, tanto no plano puramente material como nos planos mais elevados.

Por exemplo:

– O homem trabalha para "ganhar a vida do casal"; em compensação, a mulher cuida da sua roupa, da cozinha e da limpeza da casa.

– O parceiro acompanha a mulher a concertos sinfônicos, que ela adora; em compensação, no sábado seguinte, ela lhe faz companhia numa conferência sobre a filosofia de Bergson, que o apaixona.

Tais barganhas nem sempre são explícitas; nem todos os parceiros dizem claramente que estão fazendo concessões em troca de outras. Na vida de um casal muitas vezes isto acontece implicitamente: cada um cede para conseguir maior aproximação.

§ 6. Parceiro de jogo

A procura de emoções artificiais frequentemente se faz através do jogo, seja pela sua prática, seja assistindo a jogos de terceiros.

Muitos são os casais cujo passatempo preferido é o jogo de baralho; passam tardes e noites inteiras jogando; conheceram-se jogando e passarão em torno da mesa de jogo todos os momentos de lazer. Conhecidos também são os casais frequentadores de cassinos.

Outros são fãs de futebol. Não perdem uma partida. Quase vivem nos campos, o que lhes proporciona uma emoção tão forte como a das corridas de cavalos, que constituem passatempo de casais em geral mais abastados.

A prática de jogos esportivos oferece-lhes a motivação complementar da cultura física, visando não somente a conservação da saúde, mas também a da beleza física, e chegamos assim a um outro tipo de relação motivacional. O estético, mais adiante tratado.

§ 7. A forma exibicionista

Quando uma pessoa necessita atrair atenção sobre si – movida, em geral, por sentimentos de inferioridade, mas não o consegue, por ser desprovida de qualidades ou atrativos suficientes ou por acreditar que não tem qualidades – muitas vezes costuma procurar um parceiro que tenha prestígio pelos seus títulos, qualidades pessoais ou conceitos. O objetivo é poder exibi-lo a fim de valorizar-se a si mesma.

"Veja só, estou namorando, sabe quem? Fulano, que é engenheiro" – dirá, por exemplo, a moça que, por qualquer motivo, não pôde continuar os seus estudos além do nível primá-

rio. Através do casamento com médicos, advogados, engenheiros, farmacêuticos e dentistas, muitas moças aspiram a elevar-se de nível social, ser uma "dama" e conseguir prestígio junto às amigas e colegas. Da mesma forma, rapazes da classe social menos favorecida orgulham-se de exibir moças "da sociedade".

A própria admiração que o parceiro tem pelo outro constitui um incentivo para a manutenção deste tipo de "relação de complementação", pois estimula o seu orgulho.

Pode existir também uma "relação motivacional recíproca", quando ambos os companheiros gostam de exibir-se um e outro em público, elogiando-se mutuamente as qualidades: há um orgulho recíproco de mostrar que conseguiram conquistar pessoa tão conhecida ou tão valiosa. É o caso, por exemplo, de dois astros de cinema que têm prazer em se exibirem em público. Tal relação é, ao mesmo tempo, uma associação *profissional*.

§ 8. A ligação profissional

Quando duas pessoas exercem a mesma profissão, e gostam dela, e isto constitui um dos motivos principais da sua união, estamos em presença de um novo tipo de "relação recíproca" – a de forma profissional.

Os parceiros trabalham juntos, colaboram o dia inteiro e praticamente nunca se deixam. Esta característica talvez por si só constitua um motivo complementar ou mesmo essencial da união: a profissão é um pretexto para viverem permanentemente juntos. Se trabalham separados, têm eles, no entanto, inúmeros assuntos para alimentar a sua conversa nas horas de lazer.

Evidentemente, deve haver muito entusiasmo pela profissão, pois, do contrário, há o perigo de as relações se tornarem enfadonhas, por falta de variação e higiene mental; serão necessárias, então, outras relações motivacionais.

Outro perigo latente neste tipo de relações é o da competição. Por exemplo, um dos parceiros quer mostrar, numa reunião de amigos, que sabe mais do que o outro, ridicularizando-o ou cortando-lhe a palavra a cada instante. Tal situação será mais dolorosa para o homem, que se vê ameaçado na sua "supremacia", tradicional em nossa sociedade. Muitos conflitos podem ser evitados, se os parceiros estiverem avisados desses perigos e se entenderem entre si para dividir o trabalho e as responsabilidades, de tal forma que os êxitos sejam sempre do casal, a não ser que um deles tenha motivação *educacional* (de que falaremos mais adiante) e tenha prazer em contribuir para o progresso e desenvolvimento do seu companheiro.

Na relação profissional há, ao mesmo tempo, satisfação recíproca das motivações ligadas à profissão, como no caso do casal comerciante. Inúmeros são os casos de casais de médicos, artistas, músicos, atores, farmacêuticos, professores e educadores. Toda a hierarquia de valores, de que há pouco falamos, pode ser usada para classificar as relações profissionais, partindo dos valores materiais para os espirituais.

§ 9. A relação gastronômica

O passatempo preferido de certos casais é comer. Passam a semana inteira fazendo planos, escolhendo os restaurantes onde comer sábado e domingo; o grande assunto de conversa, durante a semana, são as boas lembranças gastronômicas do fim de semana anterior; o planejamento do *menu* de almoços e jantares é assunto diário de trocas de ideias. Dá-lhes imenso prazer constatar que gostam das mesmas comidas – e saboreá-las juntos.

Para certos casais, a boa comida em comum substitui o prazer de relações sexuais impossíveis por motivos de saúde, de idade ou outros.

Na maioria dos casos, além do prazer de comer em comum, os casais convidam amigos e parentes para conversar e conviver. Assim atendem a uma motivação social, que constitui outra base de relação entre parceiros.

§ 10. Amor turístico

Viajar juntos, conhecer novos países, novas regiões e cidades, constitui motivo de alegria em comum para muitos casais.

Às vezes, trata-se de uma forma de fuga ao tédio. As férias são em geral utilizadas para satisfazer esta forma de motivação.

Também às vezes se misturam, a esta, outras motivações tais como, por exemplo, artística, gastronômica, intelectual. Nesses casos, o casal está interessado em visitar museus e lugares turísticos de valor paisagístico, histórico ou artístico.

Também pode motivar o amor turístico o desejo de encontrar ou fazer amigos em várias regiões diferentes.

É a motivação social.

§ 11. A motivação social

O prazer do convívio social – de convidar amigos para passatempos e lazeres – serve a muitos casais de fator de união. De um lado têm a satisfação de se sentirem unidos por gostarem das mesmas pessoas; por outro lado, a união parece ser reforçada pelo fato de o casal ser apreciado pelos amigos como se fosse uma pessoa só. "Vamos visitar os fulanos" é a frase classicamente ouvida nesses casos.

Às vezes só um dos parceiros tem temperamento extrovertido; o outro apenas acompanha a conversa entre amigos, por ser mais retraído. Nesta hipótese, duas situações podem-se produzir: ou o parceiro mais reservado gosta do convívio social ou não gosta. No primeiro caso, haverá "relações de complementação": o marido extrovertido receberá os amigos, por exemplo, guiando a conversação, respondendo pelos dois, o que será do agrado da mulher, que se limitará a aprovar tudo o que ele disser; no segundo caso, haverá conflito de motivações, o parceiro introvertido e sociófobo sentir-se-á frustrado cada vez que o outro convidar amigos.

§ 12. A "fuga da solidão"

A sociabilidade pode ser um fator bastante poderoso de ligação entre homem e mulher, quando os dois são vítima de grande solidão. Neste caso, não será exagero dizer que a união será provocada pela fuga da solidão: os dois sentem-se em comunhão por não mais estarem a sós diante do mundo; decidem unir-se um ao outro para evitar, de então por diante, o sofrimento e as angústias do insulamento interior.

Mas também pode acontecer o contrário:

§ 13. "Enfim, sós"

A fuga à sociedade também pode ser um dos fatores de fortalecimento de laços amorosos, quando os dois parceiros, introvertidos, não gostam do convívio social, procuram a intimidade do lar ou de um cantinho apartado em que se situam como uma célula isolada. Um encontra no outro apoio e proteção *contra* o resto do mundo.

Crenças, opiniões e certas características em comum costumam, também, além da introversão, constituir fator de aproximação, quando os parceiros se sentem unidos por serem uma exceção na sociedade. Alguns exemplos:

– Dois católicos que se encontrem em país budista.
– Dois chineses em pleno sertão do Brasil.
– Dois brasileiros conhecem-se no Congo.

Tais circunstâncias fazem com que os dois se interessem um pelo outro, já que são uma minoria. Isto acontece muito, igualmente, em rodas sociais. Duas pessoas sentem-se de repente próximas uma da outra, por se ter formado entre elas uma "relação motivacional recíproca", diferente do resto da roda: enquanto todos aceitam apenas a pintura clássica, e se interessam por ela, os dois vibram com a pintura moderna; ou, enquanto todo mundo fala em futebol, os dois têm paixão pelo jogo de cartas.

§ 14. A relação estética

"Como você é bonita!" – "Fulano tem um tipo bacana!" São frases que ilustram bem um dos motivos poderosos que levam as pessoas a gostar uma da outra: a beleza pessoal, tanto masculina quanto feminina.

Para as pessoas de senso estético muito desenvolvido, a beleza física é condição essencial e primordial de relações amorosas. Há mesmo quem seja capaz de interromper ou terminar um namoro por ter descoberto algum defeito prejudicial à beleza do parceiro. Tal motivo, embora completamente irracional, tem para estas pessoas a sua razão de ser, é uma tendência que as domina inteiramente: a escolha pode ser unívoca ou recíproca; no caso de ser unívoca é um dos parceiros que gosta do outro pela sua beleza física; no caso da reciprocidade cada um dos parceiros gosta do outro por causa da sua aparência física.

Muitas pessoas se deixam levar por esse gosto exclusivo por gente bonita sem, no entanto, terem plena consciência disso; são atraídas pela beleza e simpatizam com pessoas bonitas sem saber por quê.

Como a beleza física é algo que se apaga com o tempo, muitos são os casos de dissolução da relação pelo desaparecimento do seu motivo. Há, no entanto, casais que continuam, através do rosto murcho pelos anos, a encarar a beleza da juventude.

O esteta é uma pessoa que em geral necessita de cercar-se de gente bonita: Isto muitas vezes lhe dá certa instabilidade nas relações amorosas, já que a percepção diária da mesma pessoa ou do mesmo quadro cria um hábito que faz com que o sentimento estético arrefeça com o tempo; o esteta procurará então novo parceiro, que encontrará tanto mais facilmente quanto maior for a sua própria beleza física. Pode-se dizer, sem exagero, que muitos estetas vivem nesse círculo vicioso: a emoção estética esmorece progressivamente em relação à mesma pessoa ou objeto.

Convém frisar que o conceito de beleza é algo de muito pessoal, que faz com que certas pessoas considerem bonita a mesma criatura que outros acham feia. É provável que isto se deva a outros aspectos de expressão da personalidade, sobretudo no referente à beleza do espírito e a certo tipo de comunicação interpessoal que examinaremos mais adiante.

Outro tipo de relação estética é a relação motivacional artística: todos os artistas – pintores, escultores, gravadores, músicos e atores – cultivam a beleza. Mas nem todos os estetas são artistas, por nunca terem praticado uma arte, seja profissionalmente, seja como *hobby*. Por isso no próximo parágrafo trataremos, separadamente, da relação artística, embora a separação seja um tanto artificial.

§ 15. Amor de artistas e literatos

Os dois tipos de relação motivacional existem entre pessoas com tendências artísticas.

Temos a "relação de complementação" quando um dos parceiros pratica com perícia alguma arte, pela qual o outro tem apenas gosto e interesse; sem aptidão para realizar-se nela, este procura fazê-lo através do companheiro, admirando-lhe as produções, projetando nele aquilo que gostaria de ser. É o caso de quem gostaria de ser músico, pintor, ator ou poeta e tem como parceiro um músico, pintor, ator ou poeta.

A "relação motivacional recíproca" existente na hipótese de os dois parceiros serem artistas. Neste caso, um ajuda o outro a se desenvolver e a produzir; em se tratando de músicos ou atores, podem até representar ou tocar juntos, o que acontece com frequência.

Sabe-se de casais que, embora jamais tenham praticado alguma arte, são apreciadores de música, balé, teatro, pintura; vão a concertos juntos, frequentam exposições de artes plásticas, vibram com o teatro. Também aqui se trata de "relação motivacional recíproca", desde que existam tendências profundas, dado que há inúmeras pessoas que assistem a espetáculos artísticos simplesmente por atitude *snob* e por exibicionismo, por gostar de dizer e contar que foram a tal concerto ou a tal exposição com o único fito de serem admiradas e julgadas pelos ouvintes como possuidoras de gosto "refinado". É claro que aqui temos uma relação exibicionista e não estética ou artística.

A relação artística cria entre os parceiros oportunidades de estabelecer uma relação extremamente intensa e profunda, pois a arte está repleta de sentimento, provocando constantemente novas impressões que, vividas a dois, levam muitas pessoas a uma verdadeira comunhão espiritual, através da vivência em comum de emoções estéticas.

Tal comunhão espiritual encontra-se também nas relações amorosas de intelectuais.

§ 16. A relação intelectual

Será talvez um tanto artificial separar a relação intelectual da artística. Há, no entanto, algo diferente na relação que se estabelece entre pessoas que gostam de arte e pessoas que apreciam no parceiro a capacidade intelectual, o senso de humor, a fineza da expressão oral, a capacidade oratória, as nuances do pensamento, a argúcia e a precisão do julgamento. Quem já assistiu a trocas de ideias entre parceiros sobre determinado livro, em que cada um provoca no outro verdadeiro encantamento pela sabedoria, pela justeza de apreciação literária e pela demonstração de vasta cultura, terá sentido aquilo de que estamos falando.

Na realidade, além da admiração pelo intelecto do outro, estabelecem-se, através da conversação intelectual, muitas outras pontes de outros tipos de relação motivacional: os parceiros gostam cada vez mais um do outro, porque encontram opiniões em acordo e sintonia com o que pensam e sentem, sobre assuntos e motivações os mais diversos, tais como política, religião, arte, música, filosofia da vida, *hobbies* etc. A relação intelectual pode ser considerada como de grande riqueza, já que serve de ponte para outras relações motivacionais.

§ 17. A relação educacional

Quando um dos parceiros gosta de ver o outro progredir, desenvolver-se, aprender sob a sua influência ou orientação, estamos em presença de uma relação educacional. Há pessoas que têm verdadeiro prazer em "lançar", "projetar", "desenvolver" outras pessoas. "Fui eu quem o fez", exclama com orgulho o parceiro educador.

Nos casais, a função de "educar" e "desenvolver" encontra-se mais frequentemente na mulher, que procura fazer tudo para que o seu parceiro progrida e se torne alguém respeitado e importante. Analisando inúmeros casais, poderemos verificar que há grande proporção de mulheres que sinceramente se consideram o fator principal do êxito dos maridos. Um conselho, um apoio, uma opinião no momento oportuno são, na verdade, fatores ponderáveis na evolução de uma pessoa.

Além do terreno puramente profissional, a função de fazer evoluir também se faz presente no terreno das qualidades éticas e espirituais.

Há também homens que gostam de auxiliar a evolução da sua mulher. Isto vai ocorrendo à medida que a mulher adquire igualdade de tratamento para com o homem. Aqueles que acreditam sinceramente nesta igualdade são justamente os que têm prazer em ver a mulher progredir no terreno social, profissional, artístico ou cultural.

Uma "relação motivacional recíproca" neste terreno estabelece laços extremamente fortes, através do prazer mútuo e constante de constatar os frutos do esforço de fazer progredir o outro.

Esse altruísmo, esse desejo de ajudar o parceiro, pode estender-se ao mundo próximo do casal. É a relação altruística.

§ 18. A relação motivacional altruística

Praticar a bondade, fazer o bem juntos, ajudar o próximo, visitar pobres ou doentes, consolar amigos na aflição, dar o carinho da sua presença amiga em momentos difíceis, constitui, para muitos, um laço bastante sólido de relação amorosa.

Trata-se, na realidade, de dar amor, juntos, a outras pessoas. Os casais que praticam o altruísmo de modo permanente encontram nisso uma fonte constante de união espiritual; sentem que têm um objetivo em comum, cuja utilidade é fonte de constante revivificação pessoal.

Esta relação é bastante estimulada e recomendada pela religião, que também constitui em si mesma poderoso motivo de união dos casais.

§ 19. A relação religiosa

Os parceiros que têm a mesma fé religiosa e foram criados na mesma religião têm entre si laços oriundos de opiniões idênticas, hábitos de prática religiosa comum. Quando a fé é extremamente profunda e vivida pelos dois, há constantes oportunidades de se estreitarem os laços amorosos através de uma comunhão espiritual que se desenvolve, conforme testemunham casais religiosos, com a prática religiosa: rezar juntos, assistir à missa ou ao culto, são atividades religiosas que constituem, além da prática do bem, poderosas fontes de estreitamento dos laços amorosos.

§ 20. A relação ética

Retidão, honestidade, respeito pelo próximo, acatamento à moral, quando estão particularmente desenvolvidos, são qualidades que também constituem fortes laços de união. Alguns casais chegam a ser verdadeiros "defensores da moral" do seu bairro ou da sua comunidade.

***

Os motivos humanos são tão numerosos que poderíamos continuar a lista quase indefinidamente. No entanto, temos a impressão de haver descrito, pelo menos, as principais formas de relações motivacionais.

Alguns leitores farão certas objeções com que concordamos inteiramente e uma delas é a de que a relação genital e a forma sensual do amor também constituem relações motivacionais. Se as tratamos em separado, porém, foi porque constituem uma das bases fundamentais do amor, a tal ponto que muita gente as considera mesmo como as suas únicas características.

Outra objeção que se deve ter levantado no espírito de muitos leitores é a de que as relações motivacionais que acabamos de descrever também existem na amizade. Convém precisar que, efetivamente, tais relações são as que fundamentam as principais amizades, constituindo, mesmo, a sua anatomia; mas constituem, também, um dos cimentos das relações amorosas quando existem entre homem e mulher, desde que aliadas no futuro, na atualidade ou no passado a formas sexuais (genital e sensual) ou a outras formas que iremos descrever.

Lembramos a advertência do início deste livro: a separação que fazemos entre as diferentes formas de relações amorosas tem fins meramente expositivos, pois, na realidade, há entre elas uma inter-relação dificilmente dissociável.

Convém ressaltar, ainda, que a maioria das formas motivacionais tem, segundo os psicanalistas, raízes introjetivas, através da identificação com figuras parentais, como tivemos ocasião de ver no capítulo precedente. Assim, a relação motivacional pode ser ao mesmo tempo uma relação projetiva e transferencial.

Outra forma típica do amor, poderosa motivação das relações amorosas, é o afeto pelas crianças, que se traduz no desejo de ter filhos. A esta forma "procriadora" dedicamos o próximo capítulo.

Capítulo V
A forma procriadora

O sonho de inúmeros casais é ter filhos. Chamamos, por conseguinte, de "forma procriadora" do amor a relação que se estabelece entre dois parceiros com o objetivo da procriação. A necessidade de ter filhos é, às vezes, tão forte num casal que, quando frustrada pela esterilidade de um ou de outro dos parceiros, estes substituem os filhos (que não puderam ter) por animais, tais como cachorros ou gatos, ou então adotam crianças de terceiros, sem contar os que fazem do seu próprio parceiro um filho, como no caso da forma transferencial.

Sei de um casal que, não podendo ter filhos, comprou um cachorro e o criou como se fosse uma criança: depois da mamadeira, passou a comer à mesa do casal, recebendo guardanapo para não se sujar; tem bolas e boneca para brincar; acompanha os "pais" em todos os passeios. O casal até mesmo se priva de férias, dada a dificuldade de encontrar pessoas com quem o deixar; o cachorro é o assunto de todas as conversas; tornou-se tão importante quanto uma criança. A maioria dos leitores deve ter fatos semelhantes para contar, o que ilustra de maneira inequívoca quão poderosa pode ser a necessidade de ter filhos.

Analisaremos, em primeiro lugar, as origens desse desejo, procurando saber como se forma; depois tentaremos descrever como se manifesta num casal a relação amorosa procriadora.

§ 1. Origens da relação procriadora

Por que existe o desejo de ter filhos? Poderia parecer, à primeira vista, que se trata de algo genuinamente simples e natural. Na realidade, o sentimento da necessidade de ter filhos tem origens extremamente diversas. Evidentemente, a primeira que vem à mente do leitor é a biológica.

§ 2. O fator biológico

Para muitos, o instinto sexual seria, antes de tudo, um instinto de procriação, traduzido este como um instinto de conservação da espécie; procriando, contribuímos para conservar a humanidade e possibilitar a sua continuação na terra.

Muitos são os sociólogos e etnólogos que discordam deste ponto de vista e sobretudo daquele que consiste em afirmar que o ato sexual deve ser visto "naturalmente" como um ato procriador. Com efeito, os que estudaram as tribos chamadas "primitivas" constataram que nelas se ignora totalmente a relação existente entre o coito, de um lado, e a gravidez, do outro. Parece, por conseguinte, que, pelo menos nas origens, a necessidade de ter filhos e o instinto sexual são dissociados. Se houvesse algo de biológico nesta necessidade, teríamos de procurar outra base.

§ 3. O instinto maternal

Encontraremos essa base na mulher e no instinto maternal. O instinto maternal é uma realidade que encontra raízes fisiológicas na própria procriação: para a mulher a criação

dos filhos é um prolongamento natural da gestação; mesmo cortado o cordão umbilical, resta uma dependência completa do recém-nascido à mãe que o vai proteger contra toda espécie de perigos e dar-lhe alimento do seu próprio corpo. Todos estes fenômenos são biológicos e fisiológicos, porém são insuficientes para explicar a antecipação do desejo de ter filhos por mulher que nunca os teve. A não ser que aceitemos a analogia entre o desejo de procriação e a fome: assim como um estômago vazio desperta a fome, assim também um útero sem função despertaria a necessidade de gravidez e, por conseguinte, de ter filhos.

Mesmo aceitando a ideia de uma necessidade "biológica" na mulher, no que se refere a ter filhos, deixamos de encontrar uma explicação semelhante para o desejo que muitos homens têm de ser pais. Na verdade, tanto no homem como na mulher, a necessidade de ter filhos é também em grande parte resultante de uma série de pressões sociais.

§ 4. As pressões sociais

Se compararmos regiões de um mesmo país, constataremos que há algumas onde é costume ter mais filhos do que em outras. Alguns objetarão que se trata de regiões mais pobres, onde os métodos anticoncepcionais são menos difundidos. É possível que tenham razão, mas só em parte, pois há regiões – por exemplo o norte da França – em que é tradição ter numerosos filhos, qualquer que seja a classe econômica a que se pertença. No Estado de Minas Gerais o mais impressionante é que os chefes de família, quando falam da prole, costumam dizer: "Já estamos na segunda dúzia". Isto se verifica também em famílias abastadas. Contam-se os filhos por dúzias.

Há consequentemente algo na sociedade que incentiva os casais à procriação. Entre outros fatores, convém lembrar, em primeiro lugar, a imitação: imitar os outros, ou a disposição de identificar-se com a norma do meio em que se vive, é algo a considerar. Nas regiões que acabei de citar, os que têm um só filho, ou nenhum, são objeto de curiosidade como se fossem transgressores da lei; nota-se mesmo certa indignação por parte dos interlocutores de tais casais: "Mas vocês só têm um filho? Vocês não querem ter mais? Por que será?" São perguntas frequentemente ouvidas que traduzem muito bem a pressão social.

A imitação dos próprios pais, quando a pessoa foi criada em família numerosa, também é fator a levar em consideração. Trata-se aqui de introjeção de valores familiares: "Eu tenho que ter muitos filhos porque os meus pais também tiveram prole grande" – eis o raciocínio emocional que se costuma então fazer.

Outra forma de pressão social é representada pelas tradições religiosas.

§ 5. O fator religioso

"[...] Adão foi seduzido, mas a mulher é que, deixando-se iludir, caiu na transgressão; entretanto ela será salva no dar filhos ao mundo, se permanecer na fé, no amor e na santidade com moderação" (1Tm 2,14-15).

Este trecho do Novo Testamento deixa bem claro que o ato sexual é considerado pela religião cristã como pecado, sempre que dissociado da intenção de ter filhos. Isto explica que a Igreja proíba todos os meios anticoncepcionais mecânicos ou químicos.

A imagem da associação de qualquer relação amorosa com a procriação difundiu-se durante quase dois mil anos da nossa civilização cristã e está profundamente arraigada em muitas pessoas, através da educação religiosa recebida.

Eis, por conseguinte, mais uma explicação de como se forma o ideal de ter filhos. Mas há ainda outras fontes possíveis. Entre estas a motivação educacional, também bastante estimulada pelas religiões.

§ 6. A motivação educacional

Já falamos desta motivação como um dos elos de relações amorosas, quando um dos parceiros gosta de "desenvolver" o outro. Também podemos encontrá-la em casais que tenham por objeto a criação, não dos parceiros, mas dos próprios filhos.

Ensinar a brincar, a nadar, a comer, a vestir-se, a ler e a escrever, a comportar-se conforme as normas sociais, é para muitos casais uma fonte de permanente alegria e satisfação.

Observar constantemente os progressos da criança sob a sua influência causa a esses pais um sentimento análogo ao do jardineiro ao ver germinarem sob os seus cuidados as sementes que plantou.

Sabendo disso, certos casais resolvem ter filhos para tentar solucionar alguma desavença mais profunda.

§ 7. A procriação como meio de solucionar conflitos

Quando certos casais chegam a entrar em crise nas suas relações amorosas, motivada por agressões, ciúmes, infidelidade conjugal, tédio, ou outras razões, passam a pensar que a vinda de um filho resolveria o problema; assim muitas crianças nascem apenas para resolver um caso amoroso.

Em alguns casos, a vinda de uma criança se revela poderoso fator de união de um casal cujas relações desmoronavam. Isto acontece, sobretudo, com casais "entediados". Na maioria das vezes, porém, a natureza dos conflitos independe completamente da falta de filhos e a vinda destes serve apenas para irritar ainda mais os nervos do casal; e a situação se complica, pois as próprias crianças reagem, sob a forma de indisciplina, neurose ou instabilidade, às divergências paternas; o ambiente piora em vez de melhorar.

Quem quiser ter filhos, que resolva, primeiro, os seus conflitos pessoais.

§ 8. Sentimentos que a relação procriadora desperta

Já mencionamos acima o sentimento de satisfação e alegria que a criação de filhos provoca, do ponto de vista educacional, nos casais que têm tal vocação.

Para muitos, o próprio nascimento do filho é algo de surpreendentemente comovedor: uma das mais bonitas experiências da vida, pois se trata de dar a vida a um terceiro. Há como uma verdadeira concretização da fusão espiritual que muitos encontram nas relações amorosas. A fórmula "Um mais um igual a um" encontra-se num corpo em vida.

Aos poucos, os narcisistas experimentam novo prazer em reconhecer os seus traços fisionômicos na criança; os altruístas, pelo contrário, ficam satisfeitíssimos em verificar semelhanças com o parceiro. A mistura de traços pode ser fator de união.

O sentimento de união na educação e na proteção do fraco desperta em muitos. Este sentimento desenvolve-se, sobretudo, quando a criança adoece; o casal sente-se ainda mais unido no empenho de curar o pequeno paciente.

Como se vê, a forma procriadora do amor constitui um elo tão importante das relações amorosas que certas pessoas acham que o nascimento e a criação de filhos é o fim costumeiro do amor.

É justamente a forma "costumeira" do amor que discutiremos no próximo capítulo.

Capítulo VI
A forma costumeira

Chamamos de forma costumeira do amor a que corresponde ao uso do "bom-senso" na escolha de um parceiro, visando ao casamento segundo critérios geralmente tradicionais na sociedade em que se vive.

Tradicional também é esta forma de relação, já que antigamente eram os pais que escolhiam a noiva ou o noivo e decidiam do casamento: a escolha fazia-se por um exame mais ou menos minucioso das qualidades de cada um dos candidatos. Tal comportamento era considerado certo, com apoio nos seguintes argumentos:

1º) Pessoas estranhas aos parceiros teriam visão mais objetiva, mais desprovida de emoções, do que os próprios candidatos; veriam melhor as qualidades e os defeitos e poderiam julgar, com isenção de ânimo, se os temperamentos teriam probabilidade de combinar-se.

2°) O amor nasceria posteriormente, com a convivência diária.

3°) O amor seria algo de secundário, já que pode desaparecer, mesmo se tiver existido; portanto, o fato de os dois "combinarem" em outros planos salvaria a união do casal, cujos laços continuariam sob a forma de amizade.

Esta maneira de agir corresponde a uma época em que predominava o autoritarismo nos regimes políticos, na sociedade em geral e mais particularmente na educação. Com o desenvolvimento das sociedades democráticas, tal costume desapareceu quase por completo; porém, a ideia de uma escolha "racional" permanece ainda em muitas mentes, seja por introjeção de valores dos pais, seja pela vivência de frustrações sucessivas de outras formas de amor.

O último caso é frequente em rapazes e, sobretudo, em moças que se deixam levar por paixões desenfreadas e que, de repente, foram abandonadas pelo parceiro; chegam então à conclusão que devem realizar uma união baseada na razão, o que, segundo eles, daria muito mais certo.

A escolha do parceiro deveria fazer-se, então, de conformidade com certos critérios com que nos ocuparemos agora. Os critérios variam, evidentemente, em função do país e da região em que se vive, mas há alguns que nos parecem ser mais universais, pelo menos na sociedade ocidental.

§ 1. O "tronco"

O exame do *pedigree* familiar é a primeira fase do exame "racional" de um candidato. Nas famílias tradicionais, por exemplo, considera-se de vital importância o exame da árvore genealógica do futuro ou da futura parceira; diz-se ser preciso "examinar o tronco", subentende-se, daquela árvore.

Parte-se do pressuposto de que moço ou moça de "boa família" constitui garantia de êxito de uma união.

Vai nisso uma adesão implícita às teorias segundo as quais a influência da hereditariedade e do ambiente são capitais na formação do homem e da mulher. Sendo o homem produto do meio e da hereditariedade, basta conhecer o meio em que viveu e foi educado, assim como o estado de saúde mental dos seus antepassados, para aferir as probabilidades de equilíbrio da sua personalidade.

O namoro permite, através da convivência dos parceiros, realizar discretamente, por perguntas indiretas e observação dos membros da família, um exame do meio familiar. Procurar-se responder a perguntas como, por exemplo:

– Qual o "gênio" dos pais e irmãos?

– Que profissão exercem os homens na família? A existência de profissões liberais é considerada ponto alto.

– De que conceito goza a família na região?

– Existe alguma ou algumas pessoas com "vício" ou "taras"?

– As mulheres da família são tidas como "fiéis"?

– Os casais "se dão bem" ou há algum desquitado ou desquitada na família?

São inúmeros os casos de rompimento de namoro ou mesmo de noivado, consecutivos à descoberta, por um dos parceiros, de algum "defeito" considerado grave na família do outro. Isto, evidentemente, quando nele predomina a forma costumeira do amor.

§ 2. A seriedade do parceiro

Uma das maiores preocupações do rapaz "costumeiro" é a da "seriedade" da moça, entendido por "seriedade" um conjunto de requisitos que seriam aproximadamente os seguintes:

1º) A *virgindade:* quer o homem ser o primeiro a ter relações sexuais com a moça.

2º) A *pureza:* a moça deve ter tido o mínimo e, se possível, nenhum contato amoroso com outro homem, inclusive o beijo; o rapaz quer ser o primeiro a "iniciar" a moça na vida amorosa.

3º) A *exclusividade:* A moça durante o namoro só pode ter o seu namorado, sob pena de ser malvista por ele.

4º) A *progressão* na intimidade: moça que se entrega imediatamente a carícias amorosas desperta no rapaz "suspeitas" de leviandade; o rapaz gosta de observar uma intimidade progressiva, iniciada, depois de algumas semanas, pelas "mãos dadas" e terminando, antes do noivado, pelos primeiros beijos.

5º) O *controle da família:* o "costumeiro" aprecia as moças que só saem acompanhadas por irmãos, irmãs ou pais.

6º) A *reserva* no convívio ou contato com outros homens: demasiada liberdade no uso de piadas, na linguagem ou nas atitudes com colegas do homem "costumeiro" é malvista por ele.

7º) A *discrição* no vestir: uso de decotes provocantes induz o homem a concluir que a parceira quer seduzir outros homens.

Por parte do parceiro de sexo feminino há também exigências "costumeiras" quanto à seriedade do homem; no entanto, os critérios são mais flexíveis; tentaremos resumi-los.

8°) A *fidelidade conjugal:* quer ela um homem que lhe seja fiel, que demonstre publicamente essa fidelidade. Convém ressaltar que a "fidelidade" esperada é algo que, no fundo, se limita ao mínimo dos sentimentos; a mulher sujeita-se a admitir que o homem tenha relações sexuais com outras mulheres, sobretudo nas épocas em que as relações são impossíveis para o casal; ela, todavia, quer que o homem seja bastante discreto nisso e por si mesma faz questão de ignorar os fatos; quer, por conseguinte, uma fidelidade sentimental – e fecha os olhos sobre o resto.

9°) A *sinceridade:* a moça ou a mulher quer um homem que lhe diga sinceramente qual a natureza dos seus sentimentos; prefere um homem que lhe declare amizade sincera a um outro que a engane com uma paixão simulada.

10°) A *temperança:* a mulher prefere o homem que evite deixar-se dominar pela bebida; admira o homem que deixou de fumar e foge do homem que joga e esbanja todo o seu dinheiro com prostitutas.

11°) *Senso de responsabilidade:* existe por parte da parceira feminina, que procura uma relação amorosa baseada na razão, uma preferência por homens "de palavra", que vêm aos encontros na hora mareada e que são conhecidos como cumpridores dos seus deveres e obrigações.

§ 3. A capacidade de sustento do lar

É considerado racional por parte da mulher a procura de um parceiro que seja capaz de sustentar a família. Procura-se, por conseguinte, alguém que tenha uma profissão estável e cujos rendimentos lhe permitam arcar com as responsabilidades familiares.

§ 4. A boa "dona de casa"

O homem "costumeiro" procura mulher que saiba cozinhar os pratos de sua preferência e manter a casa limpa e bem arrumada, que cuide da sua roupa e seja boa administradora dos empregados domésticos, se e quando o casal os tiver.

§ 5. Bons pais de família

O homem quer uma mãe para os seus filhos e a mulher um pai que esteja à altura das suas responsabilidades. Já falamos desse aspecto na forma "procriadora" do amor.

§ 6. Nível social e cultura equivalentes

Considera-se contrário ao "bom-senso" dois parceiros serem de nível social ou cultural diferente. Exemplos:
– Mulher com curso superior e homem com curso primário.
– Médico com moradora de favela.
– Filha de um industrial com filho de carpinteiro.
– Índio da selva com professora.

É recomendável, no entanto, a superioridade cultural do homem, pois "homem não pode ser dominado por mulher".

Também se considera sob o ângulo do "costume" a diferença de idade.

§ 7. Razoável diferença de idade

Tradicionalmente, considera-se "razoável" que o homem seja mais velho do que a mulher: as opiniões variam entre "alguns" anos até dez a quinze anos a mais. As razões avocadas são em geral as seguintes:
– o homem fica mais tempo jovem, na sua aparência física, do que a mulher;

– a vida sexual da mulher pararia mais cedo do que a do homem;
– a maturidade da mulher é mais precoce do que a do homem.

São estes os principais critérios tradicionais usados por muitas pessoas na escolha de um parceiro.

§ 8. As objeções

Inúmeros são, porém, os que deixaram de acreditar nestes critérios. Vejamos os seus argumentos:

– No que se refere ao *tronco,* acham que homens dignos são às vezes filhos de ladrões e que rapazes e moças delinquentes saem justamente das chamadas "boas famílias".

– No que diz respeito à *"seriedade", observam* que muitas moças fingem inexperiência sexual, e sensual, quando sabem das exigências tradicionais do parceiro e alegam, também, que, mesmo "sérias" durante o namoro e o noivado, há mulheres que veem no casamento uma oportunidade para se libertarem da pressão moral da sua família. Quanto à virgindade, citam o caso de moças que reconquistam a virgindade perdida por operação plástica; de outro lado, argumentam que muitas mulheres, virgens no casamento, se tornam infiéis depois; pelo contrário, há mulheres com grande experiência sexual, que tiveram muitos parceiros antes de casar e que se revelam mais "fiéis" do que muitas outras, cujo marido foi o seu primeiro parceiro sexual.

Casais felizes, que desobedeceram aos princípios "costumeiros" a respeito de *diferença de nível social e cultural* e *diferenças de idade,* são citados como negação de tais critérios.

Mulheres mais idosas do que os homens e, no entanto, com união harmoniosa e duradoura, "doutores" que casaram com as suas empregadas e que vivem tão bem quanto qualquer outro casal, são fatos corriqueiros apontados por adversários da tradição. Até mesmo ex-prostitutas se tornam esposas modelares e esposas "tradicionais" viram prostitutas.

Há, entre todas as formas de amor até agora descritas, algo de comum, uma tendência geral por parte da maioria dos parceiros a conservar o objeto de amor, a entrar na sua "posse" definitiva. Trata-se de outra manifestação amorosa, a forma "possessiva" que analisaremos no próximo capítulo. Antes, porém, descreveremos o ato social, legal ou religioso, ou os dois, que garante a continuidade da relação tradicional (e das outras também) e visa a proteger a relação procriadora. O leitor já adivinhou que nos referimos ao casamento.

§ 9. Distorção da imagem do casamento

A continuação lógica da forma "costumeira" do amor é o casamento. O casamento tem como objetivo assegurar *ad eternum* a permanência dos laços amorosos, visando essencialmente a proteção da prole, e também da ordem social, já que é costume considerar a poligamia como geradora de anarquia.

Explicitamente, o casamento obriga os cônjuges, sob promessa formal, a se amarem e a serem fiéis um ao outro, dando-lhes estabilidade jurídica para a criação dos filhos.

Na vida conjugal é costume atribuir ao marido e à esposa papéis sociais tradicionais. Esses papéis já foram praticamente descritos mais acima, no presente capítulo, e são implícitos ou explicitados nos critérios de escolha do futuro cônjuge.

Para muitos, o casamento constitui apenas uma oportunidade de "segurar" o parceiro, como se segura uma presa. Estamos, então, em presença de outra forma de amor, o amor possessivo, que se costuma confundir com o casamento, quando, na realidade, se trata de um comportamento independente dele, já que existe também em pessoas amasiadas.

Capítulo VII
A forma possessiva

"Você é meu" – "Quero você para toda a vida" – "Quero você só para mim" – "O meu homem" – "A minha mulher" – "A minha patroa" – "Somos um do outro" – "Você é uma joia" (que se tranca num cofre) são expressões, frases ou exclamações que o leitor deve estar acostumado a ouvir, seja na sua vida amorosa pessoal, seja na rua, no rádio, na televisão ou na literatura.

Tais frases traduzem a forma possessiva do amor, em que o objetivo principal é conservar o objeto do amor de maneira exclusiva, só para si. Esta forma de amor poderia chamar-se também amor-propriedade.

§ 1. Amor-propriedade e suas origens

Se observarmos os animais, poderemos constatar facilmente que há uma tendência, em certas espécies, por parte do macho, a defender a posse da fêmea contra qualquer candidato. Exemplo mais próximo é o do galo, que ataca qualquer macho novo que se introduza no galinheiro. Na selva, raros são os animais que deixam de apresentar esse tipo de comportamento.

Embora se possa discutir a validade da extensão da psicologia animal à psicologia humana, forçoso é reconhecer que, em muitos povos antigos e ainda em algumas culturas atuais, a mulher é considerada artigo que se compra e se troca por outra mercadoria; nessas civilizações, o homem se considera proprietário com direito de vida e de morte sobre a sua, ou as suas mulheres, cujos direitos e deveres são idênticos aos de uma escrava.

Eis por exemplo o que diz o *Alcorão* dos maometanos, textualmente: "Os homens são superiores às mulheres [...] As mulheres devem-lhe obediência [...] Os maridos que venham a sofrer a sua desobediência podem puni-las, deixá-las sozinhas na sua cama e mesmo bater-lhes [...]" (Cap. IV, "As mulheres", 38).

Até recentemente, o Código Civil brasileiro equiparava, no referente a certos direitos, a mulher casada às crianças e aos silvícolas.

Mesmo pertinho de nós, em muitos países latinos, ainda são inúmeros os homens, inclusive nas cidades, que trancam a mulher em casa e levam a chave; quando há visitas e o marido não está, a mulher atende por uma janela qualquer e exclama: "O João levou a chave, apareça mais tarde, logo que ele voltar".

Assim, já vimos duas raízes do amor-propriedade: uma biológica, já que existe esta tendência nos animais, e outra sociológica, pois se apresenta como fenômeno cultural.

Há uma terceira explicação, a psicanalítica: os filhos, uma vez casados, têm a tendência a reproduzir o comportamento dos genitores. Vimos, no capítulo sobre transferência, que isso resulta de uma "identificação" com os pais por *introjeção* das suas opiniões e atitudes; a imitação pode dar-se em relação ao comportamento dos pais entre si, como, *verbi gratia*, do pai que tem conduta possessiva em relação à mãe, mas também à maneira de um outro pai lidar com os filhos. Neste último caso, por exemplo, a mulher, identificando-se com a mãe possessiva, tratará o marido como se fosse um filho da sua "propriedade". A influência da mãe possessiva sobre o comportamento adulto dos filhos é um fenômeno já bastante conhecido pelos psicanalistas, que nos apontam, não somente homens possessivos, mas também mulheres possessivas.

Por isso vamos dividir o nosso assunto em duas partes: em primeiro lugar veremos em que consiste o comportamento do homem possessivo; em seguida passaremos a falar da mulher possessiva.

§ 2. O homem possessivo

Eis algumas das maneiras usadas pelos homens para assegurar a sua "posse". Já falamos do caso de trancar a mulher nos seus aposentos, é um caso extremo, embora pareça ainda corriqueiro no Brasil. Há maneiras mais sutis.

1. **Evitar encontros com outros homens.** – O homem possessivo procura isolar a família do resto do mundo; evita fazer relações e amizades íntimas e, se as fizer, nunca as levará à sua casa, pois receia que possa acontecer "algo" entre um amigo seu e a mulher.

2. Em sociedade, permanência ao lado da mulher. – Se as circunstâncias obrigam a receber amigos ou a fazer visitas com a sua parceira, permanece o tempo todo ao lado dela, a fim de evitar que alguém lhe faça a corte; se a festa incluir dança no programa, somente com ele mesmo a mulher poderá dançar. Se pressentir qualquer dúvida nos olhos de um homem a respeito do "proprietário" da sua mulher, tomá-la-á pelo braço ou fará outro gesto qualquer para mostrar que a mulher lhe "pertence".

3. Ausência de reciprocidade na posse. – Em geral, o homem possessivo recusa à sua parceira os mesmos direitos que tem. Assim, acha-se no direito de ter outras parceiras, mesmo concubinas, o que, aliás, provoca revolta velada ou aberta de mulheres despertadas para a evolução dos direitos femininos.

4. Exigência de autorização para saídas. – A mulher, se quiser fazer compras ou sair com uma amiga, deve avisar o parceiro, dizendo-lhe onde vai. Frequentemente o parceiro tentará verificar, por todos os meios ao seu alcance, se a mulher dizia a verdade. Há homens que fazem até as compras de roupas e sapatos femininos, a fim de evitar saídas da esposa.

5. Manutenção da dependência da mulher. – A maior força do homem para manter a posse da mulher é colocá-la, de todas as maneiras possíveis, na sua dependência. Vejamos os diferentes tipos de dependência que os homens possessivos procuram manter, ajudados nisso, em grande parte, pela organização social e legal.

Dependência econômica – O fato de a mulher dever pedir ao homem dinheiro para se vestir, para comprar alimentos, e de não ter onde dormir, a não ser na casa que ele paga, torna-a extremamente dependente dele.

O homem possessivo evitará, a qualquer custo, que a mulher exerça uma profissão, mesmo se nisso houver algum sacrifício; profissão para a mulher significa, para ele, libertação e autonomia da sua companheira.

A dependência econômica torna a mulher insegura e constitui, provavelmente, uma das razões pelas quais muitas mulheres se tornam também possessivas, já que a perda do homem significa ameaça à sua própria sobrevivência. Sem homem e sem profissão, que fará a mulher?

Dependência sexual – A sociedade, a religião e a própria natureza impedem a mulher de ter relações sexuais fora do lar. O homem, que despertou na mulher a necessidade de relações sexuais periódicas, faz com que ela dependa exclusivamente dele para satisfazer-se nesse particular.

6. **Agressão física. Relação sadomasoquista.** – Muitos homens costumam bater na parceira, por motivos às vezes fúteis: o jantar mal preparado, atraso na volta para casa, afastamento da mulher sem autorização, conversa com outro homem às escondidas etc.

"A mulher gosta de apanhar" é uma afirmação que ouvimos frequentemente; isto é verdade para muitas mulheres, a feminilidade é representada justamente pela submissão total ao homem: sente-se a mulher mais "fêmea" espancada e "possuída", enquanto o homem se sente mais "macho", fazendo a parceira sofrer e "possuindo-a". É a chamada "relação sadomasoquista", em que o homem é sádico e gosta de sê-lo, e a mulher, masoquista por prazer.

O sadismo também pode limitar-se à tortura mental e sentimental, que se traduz nas mais variadas formas, como, por exemplo: prometer levar a mulher a passear e deixar de cumprir a promessa, fazer "birra", privá-la de carinho durante dias a fio para lhe fazer sentir a sua dependência, voltar tarde à noite, sair sem avisar, magoá-la oralmente dizendo-lhe: "Casei com você não sei mesmo por que", etc. A ligação sadomasoquista é um círculo vicioso em que se encontra a maioria dos casais do nosso mundo.

Também se verifica a inversão da ligação sadomasoquista, em que é a mulher quem agride o homem que sente prazer em ter uma "patroa" forte e enérgica. O marido, aqui, em geral teve mãe possessiva e dominadora, de quem costumava apanhar física e mentalmente: "transferem" para a esposa a sua relação sadomasoquista mãe-filho.

§ 3. A mulher possessiva

É difícil encontrar mulher possessiva que tranque o homem dentro de casa. Os comportamentos da mulher possessiva são muito mais sutis e apresentam formas, às vezes na aparência tão distantes do seu objetivo, que só homens muito experimentados em matéria amorosa poderiam reconhecer a ligação entre o que a mulher faz e a sua intenção veladamente possessiva. Estudaremos esses comportamentos partindo dos mais diretos para chegar aos mais velados. O primeiro é o que o povo costuma chamar de "marcação cerrada".

1°) **A marcação cerrada.** – A marcação visa a evitar que o parceiro tenha contato com outras mulheres. O comportamento neste caso é idêntico ao descrito para o homem: evitar o convívio do parceiro com outras mulheres em visitas ou recepções, permanência ao seu lado em sociedade, exclusividade na dança, exigência de explicações ao sair e voltar para casa. A mulher costuma usar recursos mais finos do que o homem: espera pacientemente a explicação ou a provoca através de perguntas indiretas: "Você foi comprar cigarros, querido?" – "Não, dei um pulo à casa do Alberto para ele me emprestar um alicate". A cilada quase sempre dá resultado.

Se o parceiro tiver telefone, a marcação indireta se faz periodicamente, sob os mais variados pretextos: "Olha, quando vier para casa, não se esqueça de trazer o pão!" O marido está cansado de saber que deve trazer o pão diariamente; o problema não era o pão; o problema era saber se o marido estava realmente trabalhando.

2°) **Rede de informações.** – Há mulheres que usam de um estratagema extremamente complicado para saber onde anda e o que faz o parceiro, diariamente. Utilizam-se de inúmeras amigas para isso; estabelecem intercâmbio de informações de interesse mútuo; cada uma informa tudo que viu ou ouviu a respeito do parceiro da outra. O sistema já funciona para as mães em relação aos filhos e filhas e é usado também para o controle dos namorados. Poucos são os homens que se dão conta de tal "rede de espionagem", que funciona tanto melhor quanto menor o lugar.

"Ontem vi o seu José na frente de uma banca de jornais; parou muito tempo, mas não olhou jornal nenhum; estava interessado por uma mocinha que também olhava para ele" – é aproximadamente o tipo de informações que as mulheres "possessivas" trocam entre si. Em geral, evita-se revelar ao parceiro as informações colhidas, a fim de dar-lhe "corda".

3º) **Controle da correspondência.** – Abrir a correspondência do marido sob o pretexto de ver se há algo urgente a fazer é um comportamento frequente na mulher possessiva.

4º) **Exaustão sexual.** – Aos poucos a mulher possessiva toma conhecimento do ritmo sexual do parceiro e procura fazer com que o número de relações diárias ou semanais exceda o número de coitos, além da capacidade dele. Isto, supõe, fará com que ele não possa mais ter relações com outras mulheres.

Outras chegam à conclusão de que isso não adianta e descobrem novo estratagema: dar ao parceiro a ilusão de liberdade.

5º) **Ilusão de liberdade.** – A mulher procura, então, tornar-se confidente do marido. Há as que chegam ao ponto de adotar uma atitude desprendida, o que faz com que o parceiro a admire pela sua "liberalidade" e confie cada dia mais nela. "Você precisa ter outras mulheres; o homem precisa variar; assim você compara e chega à conclusão de que eu sou a maior!" A mulher, agindo assim, mostra ao mesmo tempo ter muita segurança nas suas próprias qualidades.

Esta maneira de agir torna, realmente, o homem ainda mais dependente da parceira, pois quem "autoriza", na realidade, é quem detém o poder. Como, no caso presente, quem autoriza é a mulher, forçosamente é ela quem detém o poder, e a posse do parceiro se verifica até mesmo na sua vida mais íntima. O homem acaba sendo um "teleguiado".

Pelas confidências que obtém do parceiro cândido e confiante, pode controlar a natureza das relações extraconjugais que o homem mantém. Só aparecem problemas quando a relação se revela de ordem mais profunda: pressente o perigo de perder a posse; está na hora de tornar-se amiga da rival em potencial.

6°) **Amiga da rival.** – "Traga-a aqui em casa, meu bem; você sabe que eu sou antes de tudo a sua amiga; quero que você possa ser feliz sem entrave", dirá a mulher num tom propriamente materno.

O parceiro traz a rival para casa e, para surpresa e imensa satisfação dele, as duas parceiras se tornam amigas. A alegria do homem aumenta. Que mulher ideal ele tem! Que desprendimento! Que altruísmo! Está ele no sétimo céu.

Entrementes, trava-se uma luta em surdina entre as duas parceiras: observam-se mutuamente. Na primeira oportunidade, a mulher faz observar, insinuantemente, algum defeito físico ou moral da rival; se a observação vier do homem, apoiá-la-á veementemente, elogiando-lhe a perspicácia e a experiência com as mulheres; se tudo passar bem para ela, o seu parceiro desinteressar-se-á pouco a pouco da rival. Muito bem sabe este tipo de mulher possessiva que a atração do fruto proibido é muito grande: talvez tivesse perdido a batalha, desconhecendo o inimigo e proibindo a relação.

Há mulheres que se tornam alcoviteiras do marido com a única finalidade de controlar, mesmo nos mínimos detalhes, a sua posse. Escolhem as mulheres para ele, conforme o seu gosto; garantem, destarte, para si mesmas, a tranquilidade de espírito, já que se trata apenas de parceiros sexuais; evitam que o sentimento entre na relação; tornam o homem ainda mais dependente delas, pois sem isso não terão outra parceira.

7°) **Manutenção e desenvolvimento da dependência.** – Tornar-se indispensável é ainda a forma mais sutil encontrada pela mulher possessiva. As tradições sociais a ajudam muito nisso.

8°) **A alimentação.** – Há um velho ditado francês que diz que "toma-se um homem pelo estômago". A mulher, tornando-se boa cozinheira, conseguirá manter o marido em casa e evitará a promiscuidade dos restaurantes, onde é tão fácil para um homem estabelecer relações amorosas. Quanto melhores os pratos, tanto mais dificilmente encontrará outra mulher igual sob este ângulo.

9°) **Cuidado com a roupa.** – O marido terá a impressão, extremamente favorável, de que a mulher gosta e cuida dele como nenhuma outra o faria se ela providenciar para que ele saia sempre com camisa limpa, lenço sem mácula e terno recém-passado. Sem a mulher, o marido estaria perdido. A mulher, no desejo de conservar o seu parceiro, sabe muito bem disso.

10°) **A manutenção da casa.** – A organização de um ambiente confortável e acolhedor, em que o homem encontra os chinelos junto à cama e o jornal perto da "cadeira do papai", é algo que segura um homem às vezes muito melhor do que qualquer outra manobra mais complicada.

11°) **As relações sexuais.** – Já falamos do estratagema de exaurir sexualmente o marido, como meio de evitar que tenha relações extraconjugais. Outro processo usado com intenções possessivas é manter relações sexuais com todas as variações sensuais possíveis, de tal forma que o homem evite procurar, fora, o que encontra em casa ou, melhor ainda, mantê-lo numa dependência sexual, pelo fato de ele dificilmente encontrar fora de casa os prazeres que a sua própria mulher lhe proporciona.

12°) **As decisões do homem.** – Diariamente os homens têm que tomar decisões na sua vida particular e, mais particularmente, na sua vida profissional. A mulher possessiva procura entrar nos mínimos detalhes da vida do marido para "colaborar" nas suas decisões através de "conselhos" que são, na realidade, outras tantas formas de tornar o homem dependente dela. Chega-se a um ponto em que ela poderá dizer: "Sem mim ele não é nada". E muitas vezes isto é verdade, pois a mulher possessiva consegue aniquilar pacientemente a vontade do parceiro, tornando-o um filhinho dependente da mamãe. A mulher possessiva gosta disso. Felizmente para ela, há homens que também gostam deste tipo de relações.

13°) **Ser como o homem quer.** – Há mulheres que, quando decidem conquistar um homem, estudam, através de conversas e observações, o tipo de mulher de que ele gosta, quanto ao físico, a vestimenta, aos hábitos e preferências. Fazem tudo, então, para se transformarem na mulher "ideal" do homem, identificando-se com esse ideal. Se gosta de loiras, ela oxigenará os cabelos; se gosta de mulheres extremamente elegantes e provocantes, procurará usar decotes e cintas apertadas; se gosta de futebol, inteirar-se-á do assunto, mesmo se a sua personalidade for avessa a essas coisas. Ela se reveste de uma personalidade diferente da sua e preenche um papel social às vezes contrário aos seus próprios gostos e interesses.

Homens inadvertidos ficam arrolhados com tais manobras. Não raro, a mulher consegue exercer o papel a vida toda. Outras vezes, porém, adquire uma neurose e força a separação, pois constata que até então não conseguiu realizar-se a si mesma.

§ 4. Ciúme e relação possessiva

O leitor deve ter reconhecido, nas nossas descrições, muitas relações do que comumente chamamos ciúme. O amor possessivo é, na realidade, um amor ciumento. Seria mais exato dizer que é uma forma de relações que visa a evitar todo e qualquer motivo de ciúme, isto é, a evitar o aparecimento de rivais eventuais. É uma forma profilática do ciúme, pois o ciúme em si é uma reação de medo de perder a posse do objeto amoroso ante o aparecimento de um rival, real ou imaginário. A forma de relação possessiva visa a evitar tanto o rival quanto o medo do seu aparecimento.

§ 5. Liberdade e relação possessiva

A relação possessiva provoca nos parceiros reações diferentes, conforme a sua educação, isto é, conforme as suas identificações e introjeções. Seja nas formas diretas ou sutis, com a evolução constante da nossa civilização para mais liberdade e autonomia do homem esta forma de relação amorosa será cada vez mais sentida, por grande número de pessoas, como camisola de força. Observando mais de perto casais em relação possessiva, podem-se constatar inúmeros sinais de desejo compulsivo de um se libertar da dependência e da dominação do outro.

Os sinais de desejo de libertação por parte de um parceiro, quando percebidos pelo outro, provocam uma reação de reforço das medidas e providências possessivas. Por exemplo, quando sente que a mulher quer passear todas as tardes com as amigas, sem maiores explicações, o homem poderá fazer-lhe cenas e ameaçá-la de separação a que a mulher dificilmente poderá resistir.

É claro que a maior parte dos comportamentos acima descritos nem sempre são motivados pelo desejo de posse do parceiro. Outras formas de amor podem influenciá-los.

Nem todas as mulheres que cuidam carinhosamente do parceiro e se mostram abnegadas fazem-no movidas por intenções possessivas; nem todos os homens que cuidam da manutenção econômica do lar fazem-no com a intenção manifesta de conservar o objeto amado. A forma possessiva tem, em boa dose, algo de calculista.

Capítulo VIII
Pausa para meditação do leitor

Para que o leitor possa aproveitar melhor o conteúdo do presente livro, e compreender o que se passa consigo ou com pessoas das suas relações, a leitura dos comentários que se seguem é fundamental.

Até agora, usamos muito a expressão *objeto* de amor ou *objeto* amoroso. A forma possessiva é de certo modo o coroamento do que se costuma chamar atualmente de *coisificação* (ou *reificação*) da pessoa humana na nossa civilização industrial: o homem é considerado como objeto, como coisa que se pode usar, manobrar, manipular, trocar, dispensar, consertar, comprar e, enfim, possuir.

Exemplo bastante ilustrativo da preocupação de evitar ser considerado apenas como objeto é a estória do Tenente Blandford, publicada em *Colliers* por S.I. Kishor. O Tenente Blandford, durante a guerra, manteve correspondência com uma moça que nunca tinha visto e os dois sentiram grande afinidade e se apaixonaram por correspondência. Durante treze meses ela lhe deu um apoio espiritual incomum. No fim da guerra, chegou o dia do encontro pessoal. Ele ignorava totalmente o aspecto físico da moça; combinaram que se encontrariam no balcão de informações da Estação Grand Central, em Nova York: ela estaria com uma rosa e ele com um livro debaixo do braço. O tenente levou um susto quando viu uma senhora idosa com a rosa tão esperada; assim mesmo, entregou-lhe o livro, pensando que de qualquer forma tinha feito uma excelente amizade. A senhora então o encaminhou à verdadeira moça, que era jovem e bonita, e lhe explicou que se valera de uma espécie de teste.

Eis (aproximadamente) os termos de uma carta significativa da preocupação dessa mesma moça de evitar ser considerada como objeto: "Se o sentimento que você tem por mim tiver fundamentos sinceros, a minha aparência pouca influência terá, se você supuser que sou bonita. Eu seria sempre perseguida pela ideia de que você viu apenas isso, e essa forma de amor criaria repulsa em mim. Supondo que eu seja feia (e isso é o mais plausível), eu viveria tomada de receio de que você continuasse escrevendo para mim por se sentir só. Por favor, não peça o meu retrato. Quando voltar a Nova York poderá ver-me e tomar a decisão que o seu coração lhe ditar".

Há três formas de amor que ela quis evitar: a forma motivacional estética (beleza física), a forma transferencial (necessidade de apoio materno) e a forma motivacional de fuga da solidão (sentir-se só). Considerava essas formas de amor obstáculo para comunicações mais profundas.

Uma mulher que procure um homem sensual, bonito, engenheiro, esportivo, sério, maior e mais velho do que ela, faz a mesma coisa que procurar uma máquina de costura portátil, leve, elétrica, que lhe permita fazer pontos de cruz e com iluminação dos pontos de costura. A sua relação possessiva com a máquina consistirá em fechar a porta com cadeado, quando sair, para evitar que ladrões a carreguem, mantê-la sempre limpa e lubrificada para evitar o seu envelhecimento precoce.

Da mesma forma, um homem que quer uma parceira loira, de olhos azuis, com 1,70m de altura, com seios rijos, que saiba cantar e tocar piano, igualmente assim procede, quando procura um automóvel de seis lugares, de cor cinza-claro, com mudança automática, de velocidade que desenvolva até 200km a hora, graças às suas formas aerodinâmicas, e esteja equipado com radiola estereofônica. "Possuir" essa mulher é equivalente a "possuir" o automóvel; conquistá-la é aproximadamente a mesma coisa que comprar um veículo a prestações.

A posse de uma pessoa significa, por conseguinte, em última análise, a posse da sua liberdade, já que uma pessoa e um objeto diferem pelo fato de a pessoa pensar, sentir e dispor de si livremente. Possuir uma pessoa consiste em tolher a sua liberdade de pensar, sentir e dispor de si mesma.

Muitos leitores, até aqui, devem ter chegado à conclusão de que o amor seria a combinação das formas até agora descritas: bastaria encontrar a pessoa que se "encaixe" conosco do ponto de vista sensual, transferencial, motivacional e procriador – e estaríamos amando.

§ 1. Um dilema

O leitor pode ter ficado perplexo diante das últimas considerações. Quer evitar ser classificado como comprador de escravos e sente que nisso tudo falta alguma coisa. Sente que todas as formas descritas correspondem a necessidades reais do homem, mas que, ao procurar a satisfação dessas necessidades, ele se encontra diante de um problema moral muito sério: teria que transformar outrem numa coisa, num objeto de satisfação das suas próprias necessidades; em suma, teria de tirar a liberdade de alguém e, o que constitui uma ameaça ainda pior, alguém teria que tirar a sua liberdade. O amor seria, então, apenas um sacrifício mútuo da liberdade.

§ 2. Amor à liberdade e liberdade no amor

Como sair do impasse? Qual a espécie de relação amorosa que permite respeitar fundamentalmente a liberdade dos parceiros? Que tipo de relação será essa? Existe? Como se caracteriza?

O primeiro impulso do leitor será usar a lógica e dizer o seguinte: "Se o problema é apenas o da liberdade, em vez de cerceá-la, vamos fazer com que cada um dos parceiros dê liberdade ao outro". Já tratamos este problema mais acima, quando demos exemplo da mulher que "autoriza" o parceiro a ter outras parceiras. Dar liberdade é possuir o poder de dá-la; na realidade, os casais chamados "livres", no sentido em que estamos falando, tornam-se angustiados de modo permanente, pois têm medo de perder o "objeto" amado, sem contar que ficam sujeitos a ciúmes que escondem até de si mesmos. Reconhecer este ciúme seria ao mesmo tempo reconhecer o malogro do sistema de troca da liberdade, seria dizer: "Quero você só para mim; em troca disso devolvo-lhe a minha liberdade". Volta-se então ao sacrifício mútuo da liberdade; há um círculo vicioso, e os parceiros têm que escolher entre as angústias do ciúme ou as angústias da prisão. O problema, por conseguinte, é mais vasto e vamos ver adiante que, na realidade, uma vez que se mude de ótica, de prisma, no que se refere às relações amorosas, o problema de dar ou não dar, de tomar ou não tomar a liberdade do parceiro desaparece.

Isto só constitui problema enquanto se encaram as relações amorosas como relações com objetos; uma vez que se consiga viver, de maneira profunda, relações e comunicações interpessoais, isto é, entre pessoas que sentem uma à outra na sua essência, "acontece" uma mudança completa de perspectiva.

Como o leitor está de orelha em pé, estudemos as comunicações interpessoais nas diferentes formas de amor. Só assim poderemos fazer sentir o que é comunicação profunda no encontro existencial.

Capítulo IX
As comunicações no amor

Ao entrar em contato umas com as outras, as pessoas se comunicam entre si: nós nos comunicamos quando falamos uns com os outros, quando escrevemos cartas, quando telefonamos, telegrafamos ou mandamos bilhetinhos amorosos; comunicamo-nos, também, como veremos mais adiante, pelo silêncio.

De início, deu-se importância ao fenômeno das comunicações apenas quando se referia aos correios e telégrafos e, particularmente, às comunicações telefônicas.

O mundo está descobrindo, aos poucos, que todas as nossas relações humanas, inclusive as amorosas, estão saturadas de fenômenos de comunicação. Nos últimos vinte anos, assumiram tal importância as comunicações, que nasceu uma nova ciência a que se deu o nome de Cibernética.

A fim de que o leitor esteja a par dos aspectos principais dessa nova ciência e das suas mais recentes descobertas, vamos expor, a seguir, os elementos essenciais à compreensão posterior das comunicações no amor. Assim conseguir-se-á visão nova, diferente, elucidativa dos fenômenos amorosos.

§ 1. Como "funciona" uma comunicação?

Para compreender o mecanismo de uma comunicação basta representar-se uma comunicação telefônica, na qual podemos distinguir: *mensagem, emissor, canal, receptor e ruído.*

1°) MENSAGEM: A mensagem é aquilo que queremos transmitir a outrem: ordens, pedidos, informações, esclarecimentos e declarações de amor são mensagens.

2°) EMISSOR: Emissor é a pessoa que emite a mensagem. No caso de uma declaração de amor pelo telefone, o emissor é quem faz a declaração.

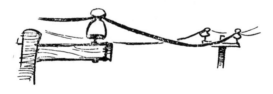

3°) CANAL: É o veículo que permite a transmissão da mensagem. No caso do telefone, o fio telefônico. Conforme o tipo de comunicações, o canal pode ser o portador de um bilhete, um pombo-correio etc. O ar é o canal mais corriqueiro, pois conduz as nossas mensagens de uma simples conversa de salão.

4°) RECEPTOR: É a pessoa que está do outro lado da linha telefônica; é a pessoa que recebe a mensagem; é o parceiro objeto da declaração de amor.

5°) RUÍDO: É tudo que perturba, uma comunicação. No caso de comunicação telefônica seria, por exemplo, a entrada da voz de uma telefonista no meio da conversa. De modo mais genérico falaremos em *obstáculos* a uma comunicação.

6°) OBSTÁCULO: Obstáculo, numa comunicação, é o conjunto de fenômenos que impedem o seu bom funcionamento, provocando distorções e fazendo com que a mensagem chegue ao receptor completamente diferente da que foi emitida na sua origem. Mais adiante voltaremos ao assunto, ao analisar os diferentes obstáculos nas comunicações amorosas; mas podemos dizer, desde já, que será este o fio condutor que nos levará à "comunicação profunda" no amor e ao "encontro existencial".

§ 2. Natureza das mensagens

As mensagens podem ser emitidas de várias maneiras. Podemos distingui-las e classificá-las, segundo dois pontos de vista diferentes:

1°) Segundo a *forma de expressão:* Como estamos emitindo?

2°) Segundo a *intenção voluntária:* Emitimos mensagens porque queremos, mas emitimos também outras à nossa revelia, sem intenção. Estas últimas preenchem papel fundamental nas nossas relações amorosas.

§ 3. Formas de expressão de uma mensagem

A emissão de uma mensagem pode pertencer a duas grandes categorias: há mensagens *verbais* e mensagens *não verbais*.

1°) As mensagens verbais. – São as mensagens nas quais usamos palavras, frases, textos. "Você é o meu amor" – "Você é tudo o que tenho na vida" – "Eu te amo" – são mensagens verbais. Podemos classificá-las em:

– *Mensagens orais:* são as mensagens que emitimos usando a voz, falando, conversando.

– *Mensagens escritas:* são as cartas, bilhetes, telegramas, cartões postais.

2°) As mensagens "não verbais". – A maioria das pessoas está convencida de que a gente só pode emitir mensagens falando ou escrevendo.

No Psicodrama, costuma-se fazer um exercício de "comunicação não verbal". Pede-se ao grupo de pessoas que se mantenha em silêncio durante vinte minutos, sendo proibi-

do usar linguagem oral ou escrita. Os primeiros minutos causam no grupo verdadeiro estado de estupor; todo mundo fica atônito e quase ninguém consegue comunicar coisa alguma. Só aos poucos o grupo encontra os caminhos da comunicação não verbal, descobrindo aspectos inéditos, novos e, às vezes, muito mais profundos do que os encontrados na comunicação verbal, à qual estamos tão acostumados e que, em geral, só traduz uma parte dos nossos sentimentos e os deforma de maneira sistemática. São as mensagens "não verbais" que atingem mais diretamente a alma, o coração, o sentimento das pessoas, pois são imbuídas de autenticidade e de espontaneidade.

§ 4. Comunicação não verbal

Eis as principais formas de mensagens "não verbais" existentes:

1º) **O olhar.** – Existe algo mais expressivo do que um olhar? Todos nós já ouvimos ou usamos expressões como: "Ele tem um olhar frio".

Assim, existem olhar meigo, olhar penetrante, olhar triste, olhar sem vida, olhar desconfiado, olhar hostil, olhar protetor, olhar maternal, olhar orgulhoso, olhar autoritário, olhar eloquente. Esta simples enumeração já deve ter convencido o leitor da expressividade deste tipo de comunicação não verbal.

"Vejo amor nos seus olhos". Quantas vezes já ouvimos tal declaração na literatura, na vida corrente, no cinema, no rádio ou no teatro.

O nosso amigo e caricaturista Roland, ao meu lado, tentou reproduzir alguns destes olhares e chegou à conclusão de que é impossível representá-los em desenho, usando apenas o olho.

Vejamos o que pôde fazer ao tentar representar um olhar de desprezo:

Conforme o leitor pode constatar, falta algo. Esse algo, Roland o acrescentou nas figuras seguintes de maneira progressiva:

O que completa o olhar e lhe dá maior significação são as sobrancelhas, na sua motilidade, a maior ou menor abertura das pálpebras e a direção do olhar.

Começa a surgir o perfil. Não importa que tipo estético seja. Repare-se, contudo, que a face se acha voltada orgulhosamente para o alto, pois quem despreza se orgulha por ser bom demais para algo. A comissura ao lado do nariz é acentuada, pois os músculos faciais...

...agora repuxam as narinas e torcem os cantos da boca, além de fazerem avançar o lábio inferior.

Eis, pois, o exemplo de um olhar de desprezo tal qual se observa na rejeição de um parceiro. Contudo, o leitor observador, ao acompanhar esta análise de comunicação não verbal de uma emoção, deve ter notado que essa comunicação já estava completa antes de surgir o penteado. Assim, usando exatamente o mesmo perfil e a mesma expressão...

...transferimos o mesmíssimo desprezo para o rosto, digamos, do irmão da senhora que serviu de modelo ao Roland, dando ênfase ao conceito de "comunicações não verbais", que são uma espécie de linguagem universal, embora com algumas expressões idiomáticas locais, como o "beijo" de nariz com nariz dos esquimaus.

Evidentemente, o olhar torna-se muito mais expressivo com a ajuda mímica facial e corporal, em geral.

2°) **A mímica.** – Quem conhece teatro sabe que a pantomima permite expressar todas as emoções humanas sem o emprego de uma única palavra.

Mesmo na vida de todos os dias, expressamo-nos em grande parte por gestos e contrações faciais. Estamos tão acostumados a isso que nem mais o percebemos; mas os outros percebem as mínimas reações corporais que acompanham ou não as nossas palavras.

Há inúmeras expressões mímicas, frequentes nas relações amorosas, tais como:

O desejo
A ternura
A indiferença
O tédio
A paixão
O desespero

Na expressão mímica entra, além da expressão facial, uma série de fatores como a posição do corpo, os movimentos das mãos e dos braços, a direção e inclinação da cabeça.
Por exemplo...

...alegria, desprezo e tédio: – Numa, o corpo ereto e saltitante; no segundo, curvado para a frente, no terceiro caído em atitude de lassidão.

Nas comunicações não verbais por expressão mímica há ainda muito que pesquisar. As investigações de Landis (1924) e Klineberg (1938), o primeiro usando o método fotográfico sobre voluntários, e o segundo examinando descrições convencionais de emoções no palco e na literatura chinesa, parecem indicar haver diferenças entre reflexos emocionais inatos e expressões emocionais sociais adquiridas.

A título de curiosidade: para os chineses "botou a língua para fora" é surpresa; "fitou-o com olhos arregalados" é raiva, e não espanto; "coçou orelhas e bochechas" não é embaraço, mas felicidade. Mas, para o mesmo chinês, segundo Klineberg, a mensagem de medo é descrita em frases como: "Todos os seus cabelos se eriçaram, arrepiou-se todo", ou "um suor frio irrompeu-lhe pelo corpo todo". Tal como a dos ocidentais, portanto.

Seja como for, dentro da mesma cultura, a mensagem do corpo e do rosto se comunica perfeitamente ao receptor, desde que não haja obstáculos nas comunicações.

Importante meio de comunicação das emoções e sentimentos é a voz.

3°) **A voz e seus aspectos não verbais.** – Embora a voz seja o instrumento essencial de transmissão de mensagens verbais, também é poderoso veículo de expressão "não verbal" das nossas emoções. Todos conhecem a anedota do pai que se zanga ao receber um telegrama do filho: "Me manda dinheiro". O pai interpretou o telegrama como tendo sido enviado em tom autoritário; interpelado, o filho respondeu que o tom era de súplica. Assim, o conteúdo sendo o mesmo, a mensagem pode adquirir sentidos diferentes conforme a "conotação" da voz.

Importantes neste gênero de expressão são o timbre da voz, a altura, a entonação, fatores todos que, reunidos imprimem a cada voz a sua personalidade. Destarte, há vozes masculinas e femininas, expressões de voz carinhosa, irônica, triste, alegre, sofisticada e assim por diante. Os cegos, pela ausência da possibilidade de *ver* expressões de comunicações visuais, desenvolvem uma sensibilidade particular para reconhecer as mensagens vocais e traduzir o significado emocional de uma voz.

Pedro Bloch, através das suas pesquisas e livros (A *voz humana*, por exemplo), tem feito trabalho notável nesse sentido no Brasil.

Já no século passado, o italiano Mantegazza, no seu livro *Fisiologia do amor*, escrevia a respeito do que hoje se chama "comunicação não verbal" no amor:

"A vista é o primeiro mensageiro do amor, [...] pois dá a posse completa menos o delírio da posse rápida e, penetrante como é, mede, num relâmpago, os abismos da beleza infinita sobre os quais, tal como numa auréola de luz, é suspensa a criatura amada [...]

"[...] A sedução da voz possui alguns dos caracteres atribuídos à antiga magia: Ela nos surpreende e nos fascina, sem que possamos encontrar a razão de um distúrbio tão grande causado por alguns acentos, algumas palavras. Sentimo-nos quase humilhados por sermos vencidos sem combate e subjugados sem o nosso consentimento. Mais de uma vez temos resistido às seduções da vista, às violências do tato, mas a voz nos subjuga e nos joga, com pés e mãos atados, nos braços de uma potência misteriosa que exige de nós cega obediência e contra a qual é inútil qualquer rebelião. Esta influência da voz permanece eternamente, nunca é esquecida e sobrevive, muitas vezes, ao próprio amor. Após longos anos de silêncio, de indiferença, de desprezo, o vento nos traz uma voz, um som, como no primeiro dia do nosso amor, somos perturbados, surpreendidos, reconquistados. O ouvido joga a isca nas águas mais profundas das nossas afeições e mais um amor renasceu por milagre das suas cinzas, graças a uma voz querida que pensávamos ter esquecido há muito tempo".

Tanto o olhar e a mímica quanto a voz podem traduzir mensagens intencionais e mensagens do inconsciente. Sob este novo ângulo examinaremos agora as comunicações.

§ 5. Mensagens conscientes e inconscientes

Foi Freud quem primeiro descobriu a influência do inconsciente sobre a nossa linguagem. Os atos falhos são provas disso. A mulher que tem a intenção de dizer "o meu marido" e que na realidade diz "o meu pai" ou o parceiro que chama por engano a Maria de Renata, deixam vir à tona, à sua revelia, elementos da sua vida inconsciente.

No plano da comunicação "não verbal" emitimos, constantemente, sem o saber, mensagens inconscientes. Freud já citava o exemplo, que se tornou clássico, do jogo da aliança: pessoas que se sentem prisioneiras do casamento traduzem às vezes essa pressão tirando a aliança e brincando constantemente com ela.

Muitas vezes dizemos uma coisa, isto é, emitimos uma mensagem verbal e a nossa mensagem "não verbal" diz exatamente o contrário. Isto acontece de modo corriqueiro com os chavões que empregamos diariamente. "É cedo ainda", diz a dona de casa às visitas que querem sair; mas ao dizer isso, olha ansiosamente em direção à cozinha de onde vem o cheiro de carne queimada. A mensagem "não verbal" diz o contrário da sua mensagem "verbal". Outro exemplo é o do homem que diz para a parceira: "Você é a única mulher de que eu gosto" – e dois minutos depois está olhando, com desejo e admiração, para dois brotos espetaculares que acabam de entrar na confeitaria onde tem lugar a conversação.

O poeta Otacílio Rainho, no seu *Cancioneiro de trovas,* escreveu os seguintes versos bem demonstrativos do que é uma comunicação não verbal, diversa da mensagem verbal:

Tua boca diz que não.

Teus olhos... dizem que sim.

A boca fala pros outros.

Os olhos... falam para mim!

Nas relações amorosas, as mensagens se fazem até mesmo de inconsciente para inconsciente.

§ 6. Mensagens nas diferentes formas de amor

O leitor terá uma visão mais completa e mais útil e melhor compreensão da sua vida amorosa ao ler a descrição de alguns exemplos de mensagens nas diferentes formas de amor.

Vamos ajudá-lo a passar em revista as formas amorosas descritas nos capítulos anteriores. As descrições constituem exemplos; uma lista exaustiva precisaria ser precedida de pesquisas que, pelo que sabemos, são ainda quase inexistentes. Resta muito a estudar ainda.

1°) **Forma genital e sensual.** – As comunicações verbais consistem em propostas diretas ou indiretas de relações sexuais. Mas são, em geral, precedidas de mensagens não verbais, entre as quais poderíamos citar:

– Olhar tipicamente provocante e lascivo, em geral consciente. Há uma troca de olhares que constitui uma verdadeira comunicação silenciosa, troca de mensagens ou *feedback*.

– Ação inconsciente da voz que constitui para muitos homens e mulheres um excitante poderoso. Durante o coito, pequenas emissões de sons constituem verdadeiro guia para que os parceiros saibam o momento do orgasmo. Sem contar o "grito do gozo".

– Uso de perfume como mensagem provocadora. Há, nos perfumes mais violentos, extratos especificamente preparados para a exitação do homem. Mas nem toda mulher que usa perfume quer relações sexuais.

– Pedido de acender um cigarro por parte da mulher. No momento de o homem acender o cigarro, a mulher acaricia-lhe discretamente a mão. O cigarro é, aliás, um dos grandes meios não verbais de tomada de contato. Um homem que espontaneamente acende o cigarro de uma mulher mostra interesse por ela, embora isto possa ser apenas um gesto convencional de cortesia; há maneiras e maneiras de fazê-lo.

– Durante as relações sexuais, há um mundo de mensagens não verbais, cuja lista completa é ainda praticamente desconhecida do ponto de vista científico: olhares, voz, carícias, as variações de ritmo do coito com regulação recíproca ou *feedback*. Os parceiros bem entrosados sabem quando o outro quer mudar de posição, isto sem nenhuma mensagem oral; pressões das mãos, dos braços e mensagens emanadas de pressões musculares de todo o corpo constituem os meios de comunicação. Nas relações sensuais, em que se procura atrasar o orgasmo para que ambos os parceiros cheguem a ele ao mesmo tempo, tais meios de comunicação muscular são usados de modo quase inconsciente. Há mesmo, em casais bastante entrosados, comunicações entre os músculos vaginais e os do pênis, consistindo as mensagens na contração desses músculos. Quando há trocas de mensagens, estabelece-se uma regulação recíproca chamada *feedback*.

Vista sob o ângulo das comunicações, a forma sensual do amor é o prazer da comunicação dos corpos, da comunicação física e sensorial.

2º) **Forma transferencial.** – Como vimos, a relação transferencial é, em geral, inteiramente inconsciente: os casais ignoram totalmente que a atração que existe entre eles provém do amor a parentes. Como se produz a atração? A resposta mais plausível, ao nosso ver, encontra-se nas comunicações "não verbais" inconscientes.

Tratando-se de comunicação "não verbal", nada como as ilustrações "não verbais" de Roland para ajudar o leitor na compreensão, e o escritor na descrição deste fenômeno.

Teremos como exemplo inicial a relação transferencial entre parceiro-filho e parceira-mãe.

Há uma quantidade de mensagens não verbais e inconscientes que:

– No homem despertam sentimentos de submissão e de necessidade de apoio a uma figura materna.

– Na mulher provocam sentimentos de necessidade de amparar, proteger e dar de si.

Eis algumas mensagens não verbais emitidas pelo parceiro-filho.

- Olhar triste e desamparado.
- Gestos de extrema timidez como, por exemplo, aperto dos dedos da mão, aperto das pernas, ao sentar, uma contra a outra.
- Tom de voz infantil; altura da voz, em geral, intermediária entre a de uma criança e a de um adulto.
- Certo desleixo na vestimenta.
- Enrubescer facilmente, como um menino apanhado em flagrante.

Todas essas mensagens provocam, na mulher, o desejo maternal de proteger;

esse desejo traduz-se na mulher-maternal, por mensagens não verbais ou verbais como:
- Olhar protetor e maternal.
- Tomar a iniciativa da alimentação: convidar para almoçar, indagar da pessoa se se está alimentando direito.
- Oferecer cigarros e, sobretudo, acendê-lo.
- Voz de mulher madura e decidida.
- Oferecer para passar os ternos e as camisas ou pregar os botões.
- Tomar iniciativas, decidir o que se vai fazer em nome dos dois.

O parceiro-criança reagirá a essas mensagens sentido-se atraído por uma simpatia irresistível.

Estabelece-se uma troca inconsciente dessas mensagens, uma regulação que já chamamos anteriormente de *feedback;* do *feedback* nascerá simpatia e, eventualmente, paixão. Como as comunicações, trocas de mensagens e *feedback* são de origem inconsciente, os parceiros têm apenas consciência de um produto final que chamarão de amor, simpatia, amizade, atração, sentimento ou paixão, conforme a sua intensidade.

No caso da relação pai-filha, o homem-pai atrai a mulher-filha pelo timbre masculino da sua voz, pelas iniciativas constantes que toma pelo fato de convidar para almoçar e jantar, com olhares e gestos protetores. A mulher-filha tem olhar desamparado, tamanho infantil, voz de criança, ar brincalhão, atitudes que despertam no homem sentimentos paternos.

Eis o produto final, através do *feedback,* no caso que acabamos de descrever:

Comunicação não verbal homem-filho e mulher-mãe.

O *feedback,* ou reação de retorno, é algo de fundamental nas comunicações, que são uma troca constante de mensagens.

3º) **Forma motivacional.** – Na forma motivacional do amor, as comunicações dependerão do tipo de motivação em jogo. Vejamos alguns exemplos em função do valor que rege a relação amorosa.

– Na *relação comercial* predominam as mensagens de tipo verbal e consciente: "Hoje o lucro foi fantástico" – "Estamos com falta de estoque, temos que escrever para [...]"

– Na *forma exibicionista* encontramos mensagens verbais e não verbais; predomina, no entanto, a comunicação não verbal.

Um exemplo de comunicação não verbal é o fato de os dois saírem juntos, de braço dado, para se fazerem admirar num casamento: a mensagem não verbal dos dois é a elegância com que se vestiram; recebem como *feedback* à sua mensagem uma série de elogios; isto provoca neles orgulho mútuo que externam com novas mensagens de satisfação (brilho nos olhos, sorrisos, agradecimentos).

– Na *ligação profissional* acontece o mesmo que na relação comercial: as comunicações predominantes são verbais: trocas de ideias entre os parceiros a respeito da profissão.

– Na *relação gastronômica* há inúmeras mensagens não verbais, expressando satisfação pelas delícias da refeição. O modo de os chineses a expressarem é o arroto; o ocidental acha esta mensagem indelicada e a substitui por murmúrios como "humm". O *feedback* destas mensagens é motivo de grande satisfação na convivência do casal gastronômico

– Na *motivação social* o prazer da convivência traduz-se por mensagens verbais e não verbais. A conversa, o oferecimento de cigarros, os sorrisos, os gestos amistosos, as danças são outros tantos fatores de união do casal.

Na *fuga da solidão* tenho a impressão de que abraços e carinhos e todas as formas de presença são meios de expressão do casal em forma não verbal. É também o caso dos que fogem da sociedade.

Parceiros de jogo têm entre si inúmeros meios de comunicação não verbal: troca de mímica nos momentos de tensão nervosa, piscares de olhos quando as coisas vão bem, e assim por diante.

A *relação estética* também é motivo de trocas de mensagens verbais (exclamações, apreciações, críticas) e não verbais

(expressão e brilho de olhares de admiração mímica de apreciação ou de desaprovação, que estabelecem um elo entre os parceiros).

Na *relação artística e literária* acontece o mesmo. Além disso, a oportunidade de trabalho e atividade em comum torna as comunicações mais densas ainda em mensagens de toda espécie. Em qualquer obra de arte ou poesia escondem-se mensagens humanas implícitas que fazem as delícias dos casais apreciadores de arte e da literatura; peças de música, de teatro, trechos de livros são formas de comunicação. Artistas e literatos são verdadeiros mestres na arte de comunicar-se. Tudo isto acontece também na *relação intelectual*.

Na *relação educacional* estabelece-se uma comunicação bastante interessante, já que as mensagens emitidas pelo "educador" visam o desenvolvimento do parceiro, cuja mensagem-resposta será a própria aprendizagem: as expressões de satisfação de quem estimulou o desenvolvimento criam um novo estímulo para quem aprende.

Por exemplo, um homem com vocação artística, que estimula a parceira a desenvolver a sua pintura, terá, para cada novo quadro, uma expressão de satisfação; esta mesma expressão estimulará a pintora a trabalhar e a progredir mais ainda; estabelece-se um *feedback* constante.

– Na *relação altruística* são os dois parceiros que trazem a terceiros toda espécie de mensagens verbais e não verbais de carinho e afeto, sob a forma de palavras, presentes, doações, presença física com toda a gama de mensagens mímicas. Mensagens altruísticas entre os próprios parceiros desenvolvem ainda mais os laços criados pelo reconhecimento e pelas mensagens de gratidão que recebem de toda parte.

– Na *relação religiosa* as mensagens verbais são a reza e as não verbais todos os atos, posturas religiosas praticadas em comum: ajoelhar-se antes de deitar, fazer o sinal da cruz ou dar graças antes das refeições, comungar juntos, por exemplo.

4º) **Forma procriadora.** – A namorada olha com expressão de ternura um bando de crianças brincando no jardim. Com isto, lança uma mensagem não verbal, inconsciente, para o namorado. Este percebe o significado do comportamento da parceira, aperta-lhe a mão e diz: "Como são lindas e alegres essas crianças". A namorada aperta a mão dele por sua vez, dá-lhe um beijo carinhoso, de gratidão. Quantas mensagens trocadas em cinco segundos e que significam, sem o dizer: "Como gostamos de crianças! Quando nos unirmos, queremos ter os nossos!" Ninguém disse nada, mas os dois se compreenderam.

Quando vêm os filhos, há ainda um enriquecimento das mensagens, pois as oportunidades de se comunicarem aumentam, ainda mais que as mensagens dos nenens e das crianças são quase todas mensagens cheias de emoções e sentimentos, o que desperta nos parceiros também emoções e sentimentos que partilham entre si.

5°) **Forma "costumeira".** – Antes do casamento, as comunicações se fazem com o predomínio de indagações, isto é, mensagens verbais visando a reforçar a certeza de que cada um dos parceiros está fazendo "um bom partido".

Ademais, ocorrem todas as formas de comunicações anteriores descritas de acordo com as formas de amor aliadas à forma racional.

6°) **Forma possessiva.** – Na forma possessiva há, igualmente, toda espécie de mensagens. No entanto, essas mensagens visam, na sua maioria, a um objetivo só: verificar constantemente a efetividade da posse integral do parceiro. "Você me ama?" é a pergunta (mensagem oral) clássica da parceira insegura quanto à posse do seu homem. As respostas variam entre sinais de importância até respostas como "Você sabe que é o amor da minha vida".

O casal possessivo sabe interpretar qualquer mensagem não verbal inconsciente: olhar para outras pessoas de sexo oposto em público, fumar demais, pequenos gestos de irritação, atos falhos, saídas sem explicação, voltas tardias para casa, presentes "culposos" depois de viagens, são motivos de interpretações (certas ou errôneas).

§ 7. Barreiras nas comunicações amorosas

Numa comunicação bem-sucedida, a mensagem, quando voluntariamente emitida, chega ao receptor tal qual foi emitida e com a mesma intenção que presidiu à sua elaboração.

Infelizmente, as comunicações entre pessoas são sujeitas a distorções e deformações que fazem com que uma mensagem possa chegar ao "receptor" completamente ao contrário das intenções do "emissor". "Mas eu nunca disse isso!", exclama revoltado o emissor de uma mensagem deturpada.

Quais os fatores que deformam e distorcem uma mensagem? Para responder à pergunta, convém antes mostrar que a deformação pode dar-se em estados diferentes, ou seja:

1. Na elaboração da mensagem:	O que o emissor quis dizer.
2. Na emissão da mensagem:	O que o emissor realmente disse.
3. Na percepção da mensagem pelo emissor:	O que o emissor pensa que disse.
4. Na transmissão da mensagem:	Como a mensagem passou pelo canal.
5. Na recepção da mensagem:	Como a mensagem chegou ao receptor.
6. Na percepção da mensagem pelo receptor:	Como o receptor percebeu a mensagem.

Como se vê, pela simples descrição do caminho trilhado, a mensagem vive uma verdadeira aventura em que as peripécias são as inúmeras deformações devidas a barreiras que deve vencer, tanto da parte do receptor como do emissor.

Vejamos algumas dessas barreiras:

1º) **Por parte do emissor.** – Ao emitir a mensagem, a pessoa se esquece, por falta de memória ou de atenção, de dar alguns detalhes importantes; ou então se engana ou comete um lapso querendo dizer uma coisa e dizendo outra: queria dizer "Venha visitar-me depois de amanhã" e na realidade disse: "Querida, venha visitar-me amanhã".

Tais coisas podem dar-se sob a influência da emoção, do cansaço ou mesmo da percepção que a pessoa emissora tem da pessoa receptora. O inconsciente também influencia a emissão de uma mensagem. No caso do exemplo precedente é possível que, inconscientemente, o rapaz desejasse ver a moça no dia seguinte, deixando-se influenciar por esse desejo.

2º) **No canal.** – Basta, por exemplo, pedir a uma pessoa que transmita a mensagem de viva voz, para que esta chegue incompleta aos ouvidos do receptor. Os boatos nascem em virtude de deformações sucessivas pelos diferentes mensageiros.

Barulhos, ruídos, conversas de pessoas ao lado, são outras tantas barreiras nas comunicações interpessoais no nível do canal.

3º) **No receptor.** – Evitaremos citar casos corriqueiros e evidentes, como a surdez da pessoa que recebe a mensagem oral. Há, na recepção de uma mensagem, barreiras muito mais sérias e, às vezes, intransponíveis. Foram elas descobertas muito recentemente pelos psicólogos sociais.

São de duas grandes categorias:

– *O conjunto de opiniões, atitudes, gostos e interesses* de quem recebe a mensagem pode deformar completamente a mensagem. Por exemplo, um homem procura uma companheira segundo critérios racionais e tradicionais. Encontra-se com uma moça que, segundo soube, seria leviana. A imagem de leviana pode influenciar as suas comunicações com ela do seguinte modo: qualquer mensagem sinceramente carinhosa, como, por exemplo, "Eu gosto de estar em sua companhia", será interpretada por ele como um convite para a cama; se ela fumar, o ato será uma "prova" a mais da sua "fama".

Outro exemplo. A filha de um aristocrata será recebida com bastante reserva por um homem da classe pobre. Se ela lhe pedir que a leve ao teatro, o pedido pode ser interpretado como sinal de hábitos de menina rica, mal-acostumada a gastar dinheiro à toa, quando, na realidade, talvez ela quisesse apenas encontrar uma atividade cultural que a aproximasse dele.

No esquema de uma comunicação, a barreira das opiniões pode ser apresentada da seguinte forma:

Opiniões, atitudes, costumes, gostos, influenciam de maneira bastante acentuada a nossa percepção das pessoas – no caso presente, do emissor.

– *Percepção como barreira na recepção de uma mensagem.*

O papel social que exerce uma pessoa, a etiqueta que nela colocamos tem, para a maioria de nós, certa tonalidade: professor é distraído, viúva é alegre, mulato é pernóstico, judeu é avaro, japonês é cruel, índio é selvagem, banqueiro é frio, solteirona é neurastênica, hindu toca flauta para cobra... Tais preconceitos ou estereótipos deformam completamente as

nossas percepções. Basta que digamos a um homem que lhe vamos apresentar uma solteirona para que isso desperte nele uma série de imagens de cenas de nervos, de mulher deprimida pela solidão etc.

Uma viúva sugere a certos homens, imediatamente, alguém necessitando de vida sexual. Qualquer gesto de afeição ou de amor, de forma não sexual, será interpretado como de intenções sensuais, distorcendo toda e qualquer mensagem amorosa. Por sua vez, a mulher, sentindo que o homem quer apenas relações sexuais, pois as mensagens dele têm esta conotação, manter-se-á arredia e cortará rapidamente uma relação que talvez tivesse podido chegar a um tipo de comunicação mais profunda.

A percepção do receptor também é influenciada pelas nossas projeções. Podemos emprestar a alguém intenções que nunca teve ao emitir a mensagem, mas que teríamos se estivéssemos no seu lugar. Um exemplo. Se o homem disser a uma mulher possessiva e desconfiada: "Vou comprar cigarros", tenderá ela a pensar que o parceiro tem um encontro amoroso. No entanto, projeta no marido aquilo que, na realidade, está fazendo, quando lhe diz que vai ao cabeleireiro; empresta-lhe intenções que ela mesma tem. Pode acontecer, também, que tenha visto tal caso no cinema, ou ouvido de uma amiga; projetará aquilo que nela está, deixará de perceber a mensagem "Vou comprar cigarros" como significando simplesmente que o marido vai adquirir cigarros.

É extremamente raro perceber as pessoas como realmente são. Percebemos apenas parte delas. O nosso chefe no trabalho é percebido por nós de modo completamente diferente do que o é na vida caseira; a nossa empregada doméstica é percebida como empregada por nós e como namorada carinhosa e sensual pelo seu parceiro. Temos uma visão deformada das pessoas, pois só as percebemos no desempenho de um ou dois dos papéis que exercem, ou seja, quando em contato conosco.

As distorções das nossas percepções são, por conseguinte, impedimentos sérios para a captação da totalidade do ser e constituem entrave para uma comunicação mais profunda, para um encontro com a existência plena do parceiro.

A esse "encontro existencial", a essa "comunicação profunda" entre dois seres, consagraremos o próximo (e último) capítulo deste livro.

Capítulo X
Comunicação profunda e encontro existencial

Chegamos agora àquilo que o leitor está esperando com certa curiosidade, e talvez ansiedade: o encontro existencial através da Comunicação profunda.

§ 1. Que é "encontro existencial"?

O que inúmeras pessoas procuram no amor é algo que se poderia chamar de fusão total de dois seres, de duas existências num só ser, numa só pessoa, de modo espontâneo e autêntico. Nesta fusão, no entanto, a liberdade de cada um é respeitada, de modo que o problema de "se libertar" não existe, pois a fusão se faz espontaneamente. Estas linhas são insuficientes, reconheço-o, para a apreensão total do fenômeno por parte do leitor. A fim de melhor esclarecer o assunto fiz uma pequena poesia:

Tu em ti,
Eu em mim,
Tu em mim,
Eu em ti,
Tu comigo,
Eu contigo,
Tu junto de mim,
Eu junto de ti,

Juntos amamos,
Juntos sentimos,
Juntos pensamos,
Juntos vivemos,
Pois
Um mais Um
Só dá Um.

Shakespeare, no *Sonho de uma noite de verão*, resume, de maneira poética, este sentimento de fusão, quando Lisandro fala a Hermia:

"[...] o meu coração está preso ao teu, de modo que podemos fazer deles um só coração; duas almas acorrentadas por um solene compromisso; portanto, duas almas e uma única fidelidade".

Para chegar ao encontro existencial é preciso ter passado por uma experiência de "comunicação profunda" entre dois seres humanos. A comunicação profunda é algo extremamente simples e singelo para as crianças e para os povos primitivos, em quem a espontaneidade ainda existe, não tolhida pelas barreiras erigidas pela civilização criadora de papéis sociais, que deformam a nossa percepção. O homem "civilizado" perde cada dia mais a sua espontaneidade. Para fazê-la voltar às comunicações é preciso verdadeira operação cirúrgica mental, que naturalmente se efetua após muito sofrimento, ou, então, através do Psicodrama, da Dinâmica de Grupo, da Psicanálise individual ou em grupos. Os objetivos da conversão religiosa sincera e profunda incluem, também, este objetivo, tão bem resumido por Moreno nos seguinte versos traduzidos do alemão:

Eu arrancarei os teus olhos
E os colocarei no lugar dos meus.
E tu arrancarás os meus olhos
E os colocarás no lugar dos teus.
Então, tu passarás a enxergar pelos meus olhos
E eu passarei a enxergar pelos teus.

A fim de facilitar ao leitor o caminho que leva à comunicação profunda, temos que voltar aos mecanismos de comunicação abordados no capítulo anterior, no referente às barreiras. A maior barreira a vencer, para chegar à comunicação profunda, é a *percepção deformada da totalidade* do *ser humano*.

Nada mais ilustrativo das barreiras na comunicação profunda do que o seguinte texto bíblico:

Certamente ouvireis, e de nenhum modo entendereis;
Certamente vereis, e de nenhum modo percebereis.
Pois o coração deste povo se fez pesado,
E os seus ouvidos se fizeram tardos
E eles fecharam os olhos;
Para não suceder que, vendo com os olhos
E ouvindo com os ouvidos,
Entendam no coração...

(*At* 28,26-27)

As diferentes formas de amor descritas neste livro constituem na realidade *um encontro parcial:* os parceiros encon-

tram-se no pleno desempenho de papéis sociais e só percebem aquela parte da pessoa ligada à esses papéis. É como se fossem marionetes, fantoches de cada um deles que se encontram, jamais eles mesmos na sua autenticidade e totalidade.

Estudaremos, pois, a deformação da percepção nas várias formas de amor.

1°) Obstáculo na forma genital. – Na forma genital, os parceiros sentem-se e percebem-se respectivamente como "macho" e "fêmea", cujo único papel é aliviar a tensão do outro.

Os parceiros podem ter muitas outras qualidades, aspirações, sentimentos; no entanto *só percebem no outro a parte genital*. Há uma visão deformada de cada um.

2°) Obstáculos na forma sensual. – Na forma sensual, os parceiros *encaram-se reciprocamente como "amantes"*; deixam de perceber todos os outros aspectos da pessoa. *Só percebem no parceiro um meio de conseguir* o maior número de sensações fortes, através do atraso do orgasmo.

Quantas vezes se ouve esta queixa por parte de um parceiro: "Você só vê sexo em mim!"? A queixa revela uma deformação da percepção.

3°) Obstáculos na forma transferencial. – Embora inconsciente, a percepção dos papéis recíprocos na forma transferencial do amor se faz do mesmo modo que nos casos já descritos. O homem-filho percebe a mulher-mãe como alguém que o protege, o nina, o orienta e o guia; e a mulher-mãe percebe o homem-filho como alguém a quem sente prazer em dar tudo de si; nenhum dos dois, no entanto, tem consciência de que estão substituindo figuras parentais e que estão exercendo os papéis de pai e mãe.

Tal relação pode *tornar-se uma barreira nas comunicações*, quando há transferência de hostilidade, em vez de amor, aos pais. É o caso da mulher-filha que não quer obedecer às decisões do marido-pai, pois, quando adolescente, tinha problemas idênticos em relação ao pai. Há recusa de recepção das mensagens.

4°) Obstáculos nas formas motivacionais. – Nesta forma de relações amorosas há percepção recíproca dos papéis exercidos por parte de cada um, em função da atividade correspondente ao seu interesse. A parceira exibicionista só percebe, por exemplo, o "doutor"; o intelectual percebe apenas a "poetisa"; o "profissional" percebe apenas a "secretária", se a sua parceira estiver trabalhando ao lado dele, na direção da fábrica. *Perde-se a visão do restante.*

5°) **Obstáculos na forma "costumeira".** – O parceiro percebe a mulher no seu papel de "esposa" com a *obrigação* de cuidar dele, da casa e dos filhos; a mulher "percebe" o marido como *ganha-pão* da família, *protetor* e braço forte contra os intrusos e ladrões e como *dono* da casa.

6°) **Obstáculos na forma procriadora.** – O "procriador" percebe a sua parceira como *mãe de seus filhos* e esta o percebe como *pai dos seus filhos;* a união tem por base a procriação e a educação.

7°) Obstáculos na forma possessiva. – Os parceiros possessivos provavelmente se percebem *mutuamente dentro de uma gaiola,* cada um como guardião da chave da outra gaiola.

§ 2. A Comunicação profunda no encontro existencial

Vejamos agora o que acontece se os dois parceiros relegarem os seus papéis a plano secundário, procurando *sentir* o outro de maneira espontânea e autêntica. Moreno lembra muito bem que *espontaneidade* vem de *spons,* isto é, *sopro* vital. Minimizando os papéis sociais, rompendo as barreiras da competição, da desconfiança, da projeção, das opiniões, atitudes, estereótipos, chega-se a uma percepção nova, diferente, o que constitui, para os que a viverem, uma verdadeira iluminação interna e recíproca. É como se a própria essência da vida começasse a pulsar nos dois corações ao mesmo tempo; é um sentir recíproco da totalidade do ser de cada um, que passa a constituir um só; é o constatar, ou melhor, o sentir que a

nossa essência é a mesma; é a descoberta, em nós e no outro, ao mesmo tempo, do *spons,* do sopro vital, da fonte de energia que move o universo. Para as pessoas religiosas é a descoberta de Deus em nós mesmos; para os orientais corresponde, provavelmente, à vivência do zen-budista, ou do prana dos yogis hindus, da energia espiritual de Bergson, da "luz interna" de Krishnamurti, um ror de etiquetas afixadas num fenômeno universal que precisa ser vivido para que se acredite nele.

Os que o vivem concordam em que a força de vontade tem pouca ou nenhuma influência no alcançar a comunicação profunda, fenômeno que "acontece", em geral, no momento em que menos se espera, como uma verdadeira "revelação".

Nesse momento, dá-se o encontro existencial através da "comunicação profunda" ou "comunicação existencial", como a chamou Jaspers: quando as duas pessoas se encontram num estado de singeleza, de espontaneidade, de naturalidade.

O fenômeno foi descrito, por Seguin, sob o nome de "Eros psicoterapêutico". No seu livro *Amor e psicoterapia,* este médico descreve a sua experiência no Serviço de Psiquiatria do Hospital Operário de Lima. Disse Seguin que, após horas que médico e paciente têm passado juntos e depois que se estabelecem laços positivos e "quentes" entre os dois, "acontece" o que chama de experiência do "ah!", que difere da do "eureka!" Também ele viveu aquilo que descreve como "[...] si se encendiera una luz y a su resplendo las sombras se hicieran corpóreas y se relacionaran las unas a las otras armonicamente [...]" E mais adiante: "La experiência está llena de belleza y placer que proceden, probablemente, de ese caer cada cosa en su lugar, *de ese aclararse todo* en una armonia casi musical, de ese vibrar al unisono dos personas que, juntas y merced al amor, han discubierto un nuevo horizonte".

É a mesma vivência que tivemos em experiências realizadas em Paris, na Sociedade Francesa de Psicodrama e Sociometria, sob a direção de Anne Ancelin Schützenberger, e no Brasil, em Seminários de Psicodrama e Dinâmica de Grupo realizados sob a nossa orientação.

Nas experiências de Psicodrama e Dinâmica de Grupo, o Encontro Existencial pode ser "experimentado" pela maior parte dos participantes dos grupos, após uma verdadeira e às vezes custosa e penosa aprendizagem. Em geral, "acontece" já no fim das reuniões. Tendo-se criado um ambiente em que os participantes se despojam dos seus papéis sociais, vivendo intensamente os problemas dos outros, colocando-se na pele dos outros, "acontece" o encontro existencial entre os participantes do grupo, que passam a "sentir" um ao outro num plano bastante profundo. Após esta experiência, passam a encarar a própria existência de vários modos. Conseguem, progressivamente, uma paz interior e procuram transformar ou enriquecer as suas "formas" de relações amorosas através da relação existencial.

A fim de dar ao leitor a possibilidade de reconhecer a comunicação profunda, vejamos como se manifesta o encontro existencial e que sentimentos desperta nos parceiros a relação existencial.

§ 3. Como reconhecer o encontro existencial?

Para os que já o viveram, a questão é supérflua: o encontro é evidente para os parceiros, embora esta evidência esteja inteiramente desligada tanto da lógica racional como da emocional.

Como o disse Simone de Beauvoir no seu livro *Pour une Morale de l'Ambiguité:* "Todo homem que teve amores verdadeiros, revoltas verdadeiras, desejos verdadeiros e vontades verdadeiras, sabe muito bem que não tem necessidade de nenhuma garantia extrema para ter certeza dos seus objetivos; a certeza provém das próprias forças propulsoras".

Há, no entanto, inúmeras testemunhas de sentimentos que acompanham ou sucedem ao encontro existencial. Em primeiro lugar examinaremos como se caracteriza a comunicação profunda.

§ 4. Aspectos da comunicação profunda

Vejamos que tipo de mensagens se emite na comunicação profunda. Não é fácil dizê-lo. Contamos com a indulgência do leitor, se o não conseguirmos completamente.

1°) **Olhar.** – Parece que o olhar é o emissor mais poderoso na comunicação profunda. A ausência de obstáculos devidos a percepções deformadas do receptor dá ao olhar algo de diferente dos outros tipos de olhares. Parece que toda pessoa humana se mostra desnuda. Há um brilho que traduz algo de muito puro.

Mas, como se trata de uma comunicação, muito possivelmente, no *feedback,* isto é, na troca recíproca de mensagens entre parceiros, troca na qual a expressão de um se ajusta à expressão do outro, é que reside um dos aspectos essenciais da comunicação profunda. É como se cada um deixasse ou mesmo fizesse questão de mostrar a alma ao outro, e de fazer sentir ao outro o que sente.

2°) **Voz.** – Parece haver certos aspectos vibratórios na voz humana que também traduzem mensagens mais profundas: tem-se a sensação de receber como se a vibração da alma da pessoa ou coisa que o valha. O *feedback* das vozes também facilita a comunicação.

Além disso, há mensagens orais que também são fatores de comunicação profunda. Neste caso, é importante aquilo que o parceiro deixa entender por trás das palavras, e não o seu conteúdo explícito. Às vezes, um simples "bom-dia" e sua resposta têm, para os dois parceiros, um significado que vai muito além do "bom-dia" convencional: dizem "bom-dia" e sentem, cada um, que o outro o está sentindo em todo o seu ser.

3º) **A mímica.** – As expressões corporais também entram na comunicação profunda. É uma sintonia de gestos que provoca, de repente, o encontro existencial. Basta, às vezes, que os dois se precipitem juntos para apanhar um objeto caído ao chão para que se dê o "estalo".

4º) **A arte.** – A admiração conjunta de uma pintura ou de uma audição musical podem ser a porta de entrada para a comunicação profunda. Tais estímulos provocam reações emotivas que podem ser "sentidas" num plano profundamente humano e constituir o caminho para o encontro existencial.

O "estalo", de que falamos há pouco, é mais uma característica da comunicação existencial.

5º) **O estalo.** – A linguagem popular brasileira tem adotado uma série de expressões como: "Deu o estalo entre os dois" – "Eles têm frinchilin" – "Encarnaram um no outro" – "Estão gamados". Essas expressões traduzem fenômenos que, possivelmente, incluem o encontro existencial, embora possam ser reflexo de outros tipos de amor.

Há uma sensação de reciprocidade no sentir a essência do outro, algo que se poderia traduzir da seguinte forma: "eu sei que você sente o que vai no meu âmago e sinto que você tem o mesmo sentimento". Na Dinâmica de Grupo é frequente ouvir declarações deste gênero. Ou ainda: "As nossas vidas encontram-se aqui e agora, neste momento e sabemos que transmitimos vida um ao outro".

É um sentimento de fusão total dos dois seres e, ao mesmo tempo, a comunicação desse sentimento com intenso *feedback*. Isto provoca verdadeiro abalo nos dois parceiros.

6º) **Sentimento de eternidade.** – Os parceiros "sabem" que a relação que se estabeleceu nesse momento durará até o fim dos dias, pois entendem que é eterno o que se passou entre eles.

7º) **Sentimento de estabilidade e segurança.** – O sentimento de eternidade desencadeia outro sentimento: o de que, se os dois parceiros puderem ou quiserem, sempre encontrarão o mesmo tipo de relação, sempre se encontrarão no mesmo plano que, para eles, não tem nome ou tem o nome de amor e que, para nós, significa o encontro existencial.

8º) **Sentimento de comunhão com o resto na natureza e do mundo.** – Este sentimento desenvolve-se, sobretudo, em casais que se encontram na natureza, no campo e na zona rural, mas parece existir também em casais da cidade, em escala menor, já que os estímulos da natureza são menores.

9º) **Sentimento de universalidade.** – Os parceiros têm a impressão de partilhar de algo que existe em todo o universo, mesmo entre passarinhos e borboletas.

10º) **Sentimento da inexistência de barreiras.** – Talvez o mais característico na comunicação profunda seja o sentimento de total liberdade. Não há, nas comunicações, barreiras feitas de preconceitos, de ideias "racionais", a respeito da união, como considerações de idade, nível social, língua, nacionalidade, cor, etc.

Quando nos despojamos dos nossos papéis sociais, deixamos também de ser narcísicos. Como disse Erich Fromm, "[...] a principal condição para a realização do amor é a *superação do narcisismo. [...] polo oposto do narcisismo é a objetividade; é a faculdade de ver as pessoas e coisas tais como são*, objetivamente, é a capacidade de separar esta imagem *objetiva* de uma imagem formada pelos desejos e temores que se tenham" *(Arte de amar)*.

Poderíamos acrescentar que a luta contra o narcisismo é a luta contra as deformações e distorções das nossas percepções, devidas às barreiras dos preconceitos, opiniões e atitudes e da visão parcial dos papéis sociais.

11°) **Sentimento de apreensão total do outro.** – Outro aspecto é a certeza de sentir e perceber o outro na sua plenitude, sem restrições, e de compreender as suas motivações profundas. Esta certeza se acompanha do sentimento de reciprocidade e da sensação de que tal reciprocidade é apreendida pelos dois, numa comunhão total.

12°) **Sentimento de *igualdade* entre parceiros.** – Já que estão unidos e que há fusão das essências, e que a "essência" ou "energia" ou "espírito" que os une está diretamente relacionada com a própria vida, desaparece a noção de superioridade-inferioridade.

13°) **Vivência do momento presente.** – Uma característica principal da vida é que só há vida no aqui e no agora. Vivemos o passado e esperamos viver no futuro, mas só existimos a cada momento que passa. A comunicação profunda, sendo comunicação de fenômenos vitais, também se renova a cada instante.

14°) **Inexistência de "satisfação".** – No encontro existencial, o sentimento ou a necessidade de usar a outra pessoa como objeto de satisfação não existe e, se ocorrer, será por mera casualidade.

15°) **Ausência de preocupação possessiva.** – Sendo a comunicação profunda o encontro e a fusão de duas vidas e o sentir da vida propriamente dita no parceiro, seria utópico querer "segurar" a vida ou a "energia vital", que se apresenta como algo de muito mais poderoso do que nós mesmos. Quem somos nós para prender a "energia vital" em alguém? Assim, o problema da liberdade desaparece, por deixar de ser sentida a sua necessidade. Outra razão da inexistência de tendências possessivas é a espontaneidade da relação. De outro lado, a comunicação profunda se renova dia a dia, acompanhando a vida que se vive no momento, no aqui e no agora.

16°) **Espontaneidade.** – A relação existencial é inteiramente espontânea: nasce como nasce a vida, como respiramos, como gorjeiam os passarinhos. Não há sentimento de obrigação, pois os dois parceiros convivem unidos por laços tão profundos que nem lhes passa pela cabeça a ideia de prender um ao outro. Também independe da "força de vontade".

17°) **Fidelidade.** – Não existe o problema da fidelidade, pois um casal unido pelo encontro existencial se basta a si mesmo até no plano sexual. A fidelidade é espontânea e não o produto de um "dever" ou de um "compromisso".

Examinemos mais de perto os aspectos sexuais do encontro existencial.

18°) **As relações sexuais na comunicação existencial.** – É nas relações sexuais que se reconhece ainda melhor a relação existencial por vários critérios:

a) ANTES DAS RELAÇÕES. As relações sexuais são consideradas como algo secundário, algo que "acontece", quando necessário, como complementação da relação existencial. Não existe o sentimento de encontro com a finalidade de aliviar uma tensão.

Pode-se dizer mesmo que o encontro existencial independe do aspecto sexual, embora haja também possibilidade de encontro existencial através das próprias relações sexuais. Com efeito, segundo inúmeras testemunhas que ouvimos em entrevistas particulares, a comunicação profunda dá-se mesmo após inúmeros orgasmos.

Isto eliminaria a hipótese segundo a qual o "êxtase" do encontro existencial seria apenas o produto de uma "sublimação" do instinto sexual.

b) DURANTE AS RELAÇÕES SEXUAIS. Permanece a comunicação existencial: os casais querem continuar a olhar-se nos olhos para manter vivo o laço existencial que os une e poder permanecer em comunhão existencial durante todo o coito.

As carícias assumem um aspecto diferente da relação sensual. Embora exista prazer sensual intenso, este se transforma em algo de sublime que faz com que muitos interpretem e sintam as carícias como algo de divino e como um "reforço" poderoso da comunicação profunda ou, ainda, como a sua coroação. As relações assumem um tom meigo e suave, longe dos violentos coitos sensuais.

Todos os meios de comunicação usados na relação sensual permanecem na relação sexual existencial, mas visam, antes de tudo, não tanto a retardar o orgasmo, como a estabelecer um *feedback*, uma regulação das mensagens com o objetivo de os parceiros chegarem juntos ao orgasmo. Esse objetivo é considerado, instintivamente, primordial, pois constitui a selagem da fusão total em que se efetua como que um amálgama do físico e do psíquico, da carne e da alma, do espírito e da matéria; dir-se-ia que se vive, no momento do orgasmo, a realidade da unidade matéria-espírito.

Adonai echod quer dizer, em hebraico, Deus é um, ou melhor, Deus é unidade. Certo dia, uma pessoa me contou, durante uma entrevista, que o primeiro contato com Deus que teve na sua vida, e o único, foi durante um orgasmo em que sentiu como se fosse uma iluminação e em que exclamou, espontaneamente: "Meu Deus!" A revelação lembra muito estas palavras de São João:

> Quem não ama, não conhece a Deus, porque Deus é amor. [...] Ninguém jamais viu a Deus; se nos amarmos uns aos outros, Deus permanece em nós, e o seu amor é em nós perfeito. Conhecemos que permanecemos nele e ele em nós [...]

Mesmo pessoas sem religião vivem a mesma coisa, dando-lhe apenas outros nomes, ou nenhum, por ignorar o que se passa no seu íntimo.

c) APÓS AS RELAÇÕES SEXUAIS. Todos os que têm experiência de encontro existencial falam em sentimentos de *paz*, de *revivificação*, de *plenitude*, que preferem ao cansaço, sentimento de estafa consecutivo a relações sensuais ou puramente genitais, em que se verifica, também, um sentimento de desperdício e de inutilidade dos momentos vividos.

A *comunicação profunda continua a efetuar-se* a todo instante. Este é, possivelmente, o critério mais importante para diferenciar o entusiasmo e a paixão, provocados pela espera de relações sensuais, dos sentimentos nascidos da comunicação profunda. No encontro existencial *os sentimentos continuam, imediatamente após as relações sexuais;* na forma sensual do amor, os sentimentos de entusiasmo ou paixão extinguem-se totalmente após o orgasmo, e são substituídos pelo vazio e pelo tédio.

Hesnard, psiquiatra e psicanalista francês, disse que, "no homem, todos os grandes acontecimentos sexuais são antes de tudo influenciados pela força do desejo: quando este está despojado de todos os outros elementos da sensualidade psíquica, caso particularmente frequente nos homens moços, mas que acontece também nos homens maduros (que se arriscam a comprometer a dignidade e mesmo o equilíbrio moral), o amor só se dá na aparência, e temporariamente. São chamas sexuais, que podem durar bastante tempo pelo fato da ausência de alívio, mas se extinguem rapidamente, quando houve alívio completo...

"[...] O prazer sexual só se tornará verdadeiramente um crescimento do ser, só será uma fonte de autêntica alegria, quando deixar de ser parcial, aberrante, quando tiver subido até as alturas do amor capaz de ternura e altruísmo [...] Mesmo no homem sem ideal moral elevado, sem dever religioso, sem preocupação estética, o desejo cru é uma inferioridade biológica, pelo menos passageira e sentida como tal" *(La Sexologie).*

Já que estamos comparando as diferentes formas de relações sexuais entre si, analisemos em que as formas de amor por nós estudadas em capítulos anteriores diferem do encontro existencial.

§ 5. Encontro existencial e outras formas de amor

Em que difere a forma existencial das outras formas de amor? É a pergunta que o leitor deve estar se fazendo neste momento. É possível até que esteja com a mente lotada de objeções, pois, até agora, parece haver uma espécie de oposição entre o amor existencial e as outras formas de amor, como se a primeira excluísse as outras.

Se lembrarmos que o amor existencial é o encontro da totalidade dos seres, é óbvio que nessa "totalidade" estão incluídos todos os aspectos da pessoa e, por conseguinte, a maior parte das formas de amor, já que elas são resultantes de necessidades da pessoa humana.

No entanto, trata-se, no amor existencial, de um conjunto harmoniosamente integrado, amalgamado em torno da comunicação profunda. No amor existencial o eixo de sustentação é a comunicação profunda; nas outras formas de amor, sem comunicação profunda, o eixo de sustentação é constituído pelas relações sexuais.

Melhor ainda. As formas "motivacionais", "costumeira", "transferencial", "possessiva" e "procriadora" só se entendem como relações amorosas se aliadas às formas "genital" ou "sensual". As formas "motivacionais", "transferencial" e "costumeira" associam-se à sexualidade constituindo, mesmo, a porta de entrada para as relações sexuais; a forma "procriadora" resulta das relações sexuais; a forma "possessiva", do desejo de conservar o objeto de satisfação de necessidades oriundas das outras formas não existenciais. Qualquer forma motivacional ou transferencial desvinculada de formas sexuais é apenas amizade. Jamais poderíamos chamar de amorosa a relação de sociedade comercial existente entre um homem e uma mulher, se não existirem entre eles relações sexuais. Assim também, a simpatia entre um homem e uma mulher, fundamentada em transferência inconsciente de laços parentais, só se torna amor se houver relações sexuais ou se houver essa intenção. O Direito Civil e o Direito Canônico preveem anulação de casamento se for comprovada a impotência sexual.

Assim, temos *um primeiro conjunto de relações amorosas* diretamente ligado a formas sexuais; *é em torno do sexo que as outras formas* giram a fim de constituir uma relação amorosa.

Eis um exemplo de coexistência de várias formas de amor, nas palavras finais de Gumercindo na peça de Pedro Bloch, *As mãos de Eurídice:*
Eu quero cobrir as suas mãos de joias.
Eu quero as suas mãos, Dulce.
As mãos que tocavam Chopin,
As mãos que educavam os meus filhos,
As mãos que me consolavam
E me davam ternura e amor, sem pedir nada em troca.
Eu quero suas mãos, Dulce.
Mãos que não pedem harpas,
Mãos que não pedem nada.
Mãos que só sabem dar.
Eu quero as suas mãos, Dulce.
Comecemos tudo de novo, Dulce.
Eu voltei.

O leitor facilmente reconhecerá, nas maravilhosas palavras de Pedro Bloch, várias formas de amor: Forma transferencial (paterna e materna), Forma motivacional (música), Forma procriadora e forma possessiva.

Há, então, um *segundo conjunto de relações amorosas,* que incluem as formas sexuais conjuntamente com uma ou várias outras formas de amor, mas que *têm como eixo de sustentação a comunicação profunda e o encontro existencial.* Neste conjunto inexiste a forma possessiva, pois é impraticável e incoerente a sua coexistência com a comunicação profunda. Neste segundo conjunto, o sexo é complementação ou faz parte da comunicação profunda, mas deixa de ser um fim em si. Convém, no entanto, fazer a ressalva de que encontro existencial, sem forma sexual, é uma forma de amizade profunda, que se costuma chamar de "Amor universal" ou "Amor à humanidade", mas nesse caso deixa de ser uma "Relação amorosa" entre homem e mulher. É o caso, no sentido bíblico, do "Amai-vos uns aos outros".

Eis, em resumo, como se apresentam as duas grandes categorias de relações amorosas, a que chamaremos, de agora por diante, de Relação amorosa existencial e de Relação amorosa sexual.

RELAÇÃO AMOROSA EXISTENCIAL	RELAÇÃO AMOROSA SEXUAL
Inclusão indispensável Comunicação profunda relação sexual existencial	*Inclusão indispensável* Forma genital ou forma sensual
Outras formas possíveis de integração (Forma genital e forma sensual?) Forma motivacional Forma costumeira Forma procriadora Forma transferencial (porém sem neurose, que constituiria barreira para a comunicação profunda).	*Outras formas possíveis associadas* Forma motivacional Forma costumeira Forma procriadora Forma transferencial Forma possessiva

Muito se discute ainda a possibilidade de integração da Forma transferencial na Relação amorosa existencial; por isso fizemos a ressalva a respeito da neurose. Também não sabemos muito bem se as formas genitais e sensuais, como foram descritas nos capítulos correspondentes, são compatíveis com a Relação amorosa existencial. Parece-nos possível que haja momentos em que o casal tem por objetivo comum o alívio de tensão ou a procura em comum de prazeres dos sentidos vinculados à comunicação profunda. No entanto, o encontro existencial é uma experiência definitiva, que impede para sempre considerar outrem como "objeto", como coisa. Daí a nossa dúvida, representada por pontos de interrogação.

As formas amorosas integradas na relação existencial tomam um colorido um pouco ou muito diferente para os parceiros: todos os papéis sociais são vividos com a comunicação profunda.

A fim de permitir ao leitor rememorar rapidamente todos os aspectos até agora explanados, daremos um resumo final sob forma panorâmica – um quadro sinótico.

	RELAÇÃO AMOROSA EXISTENCIAL	RELAÇÃO AMOROSA SEXUAL
Objetivo	Encontro existencial através da comunicação profunda.	Alívio de tensões e satisfação de necessidades.
Formas associadas	Todas, menos as possessivas. Dúvidas quanto à transferencial, genital e sensual.	Todas.
Comunicações	*Feedback* do "sentir" o outro na sua essência. Encontro das "almas", pelo olhar, voz e outras mensagens.	Lascívia ou olhares de euforia, dependendo da forma associada.
Tipo de relação	"Fusão" total dos seres num só.	Dualidade sujeito-objeto.
Percepção recíproca	Parceiro considerado como ser humano que vive e sente.	*Coisificação.* Parceiros considerados como objeto de satisfação de necessidades; deformação de percepção em função dos papéis sociais.
Satisfação de necessidades	Sentimentos de plenitude permanente. O encontro existencial é um tipo de relações constantemente "revivificante"; por conseguinte, não existe problema de necessidade, a não ser as das formas de amor.	Diferente conforme a forma de amor; insatisfação permanente no plano sexual.

Autonomia	Não existe o problema liberdade.	Na forma possessiva, sentimento de prisão: dilema angústia-ciúme *versus* angústia-prisão.
Vivência no tempo	Vivência de cada momento presente. Tratando-se de uma vivência nem racional nem emocional, mas *sui-generis*, permite perfeitamente planejar o futuro e pensar no paseado. Não existe contradição a esse respeito.	Pensamentos voltados para o passado ou para o futuro impedem viver no presente a comunicação profunda.
Vivência no amor	Vivência da unidade sexo-espfrito.	Vivência sexual separada da vivência espiritual. Dualidade sexo-espírito.
Relações sexuais 1) *Antes*	Inexistência de tensão. Inexistência de intenção sexual, as relações sexuais são tidas como secundárias.	Tensão acompanhada de fenômenos de sublimação ou de necessidade de alívio. A intenção de ter relações é implícita ou explícita, de acordo com a forma de amor. As relações sexuais são tidas como primordiais.
2) *Durante*	Comunicação profunda: as mensagens especificamente sexuais incorporam-se à comunicação.	Predomínio de mensagens genitais ou sensuais.

	RELAÇÃO AMOROSA EXISTENCIAL	RELAÇÃO AMOROSA SEXUAL
3) Depois	Sentimento de revivificação; paz interior; plenitude. A comunicação profunda continua sob todas as formas descritas, assim como o interesse pelo parceiro.	O sentimento de entusiasmo ou a paixão desaparece totalmente, para reaparecer com nova tensão. Sentimento de estafa, de vazio interior, de desperdício de energia e de tédio.
Outros sentimentos	Sentimentos de eternidade. Estabilidade da relação. Segurança. Comunhão com a natureza. Universalidade.	Sentimentos de "provisório". Instabilidade. Insegurança. "Você me ama, querido?" Comunhão de interesses, na forma motivacional
Outros sentimentos	Inexistência de barreiras ou fácil superação delas. Igualdade entre os parceiros. Ausência de "possessividade". Reciprocidade no sentir a totalidade do outro. Fidelidade espontânea.	Inúmeras barreiras em parte superáveis pela razão ou pela intimidade sexual. Competição para o domínio na forma possessiva ou relação superior-inferior. Fidelidade por dever. Unilateralidade no sentir o outro ou reciprocidade no sentir em certas formas motivacionais e na forma procriadora. Fidelidade baseada na "força de vontade".

§ 6. Algumas considerações complementares

A síntese apresentada é, forçosamente, incompleta, sujeita a controvérsias e críticas, e não passa de uma tentativa pessoal, visando a ajudar o leitor a melhor arrumar as suas ideias a respeito do encontro existencial.

Podemos antecipar algumas perguntas, das muitas que o leitor, provavelmente, gostaria de fazer:

– *Todo mundo é capaz de ter o encontro existencial?* Tratando-se de um fenômeno da vida, em princípio sim.

O que nos impede de alcançá-lo são as barreiras dos preconceitos, das ideias feitas, das "conservas culturais" que deformam a tal ponto a nossa percepção que somos incapazes de "sentir" a pessoa. É possível que, em cada cem pessoas, cada um de nós encontre dez com quem possa ter um encontro existencial imediato.

– *O encontro pode-se dar entre quaisquer pessoas?*

Há, sem dúvida, o que Goethe chamou de "afinidades seletivas". Todo o problema da simpatia (também motivada) está em jogo. O leitor lembrar-se-á disso, por inúmeros fatores.

As experiências de Dinâmica de Grupo e de Psicodrama levaram-nos a observar que a comunicação profunda muitas vezes se dá entre pessoas que, de início, nas primeiras sessões, tinham antipatia bastante forte. A simples análise das razões da antipatia, isto é, a eliminação das barreiras, as levava ao encontro existencial. Isto nos permite responder a uma terceira pergunta.

– *Pessoas casadas convivendo há anos podem chegar à comunicação profunda?*

Muitos casais já a tiveram, sem o saber. Este livro apenas os terá tornado conscientes do que aconteceu com eles. Outros estão em crise, sujeitos a barreiras na aparência intransponíveis. Para estes será possível o encontro, desde que possam chegar a enfrentar e analisar, juntos, os seus problemas.

Em apêndice, há uma série de exercícios que os casais desejosos de compreender melhor as suas relações amorosas poderão fazer com muito proveito, desde que haja o sincero desejo de acertar por parte dos dois.

– *Casamento sem encontro existencial pode ter êxito?*

Creio que há muitos casais felizes, sem comunicação profunda. A felicidade deles é igual ao sentimento de conforto de um índio que desconhece o conforto proporcionado pela civilização industrial: está perfeitamente contente com a sua situação. No entanto, o fato de tomar conhecimento da existência do encontro abre novos horizontes. Os casais já unidos por poderosos laços, nas outras formas de amor, têm, com este livro, a perspectiva de enriquecer ainda mais as suas relações e lhes dar um novo colorido.

– *É preciso força de vontade ou aprendizado especial para chegar ao encontro existencial?*

É preciso esforço para estar vivo, para respirar, para sentir a natureza? É esta a única resposta que nos ocorre no momento. Libertar a espontaneidade é o que leva à comunicação profunda, à reconquista daquilo que perdemos na infância ou na adolescência: a singeleza nas relações humanas.

A espontaneidade se adquire através da vida, mas também pode ser libertada pelo Psicodrama e pela Dinâmica de Grupo.

– *Existencial será sinônimo de libertinagem (já que evoca os "existencialistas" de St. Germain des Prés)?*

Entre os "existencialistas" de St. Germain des Prés há muitos jovens transviados que usaram a filosofia existencialista como pretexto para a liberdade sexual e sensual. Nada há em comum entre eles e o encontro existencial descrito neste livro – algo de sublime, inteiramente oposto ao que fazem os transviados em qualquer parte do mundo.

– *O encontro existencial é um estado permanente?*

Quando real e autêntico, o encontro existencial se renova a cada minuto e é tão permanente quanto a vida, pois é a vivência da própria vida. Podem surgir barreiras (facilmente superáveis) ante parceiros que já se "encontraram".

– É possível ter encontros existenciais com várias pessoas ao mesmo tempo?

Sim, mas desvinculados de intenções sexuais: são amizades profundas e espontâneas. Quanto à relação amorosa existencial, parece bastar-se a si mesma de tal modo que não parece existir esse problema.

– Como escolher um parceiro para o casamento, visando à relação amorosa existencial?

Procurar ter muitas comunicações profundas e escolher a pessoa que tem a forma de relações amorosas que se coadune com a de quem procura.

– Haverá incompatibilidade entre a espontaneidade e a liberdade de relação existencial e os compromissos assumidos no casamento?

Quando eu era pequeno costumava adormecer num quarto que dava para um pátio onde inúmeros pombos dormiam. Sempre me impressionou o fato de os pombos dormirem aos pares. Hoje me pergunto se os pombos também estão sujeitos a relações amorosas existenciais.

O casal de namorados que se comunica entre si num plano profundo tem toda a liberdade de decidir casar ou não. Sentem muito bem que o compromisso que assumem independe inteiramente da comunicação profunda e que esse compromisso dificilmente faria desaparecer um fenômeno que é da própria vida. Se casam, será por motivos sociais, religiosos ou legais. Justamente quando não existe a relação amorosa existencial é que muitos casais, sobretudo a parte masculina, têm a impressão de que o compromisso assumido significa a posse de um e do outro. Poder-se-ia dizer que há coincidência entre o sentimento de eternidade da relação existencial e o compromisso matrimonial.

Victor E. Frankl, psiquiatra e psicanalista existencial, acha que só é maduro o homem capaz de manter uma união monogâmica. Diz ele, no seu interessantíssimo livro *Psicoanálisis y Existencialismo,* que o homem maduro é aquele que integrou a sua vida genital com o que chama de vida erótica. Entende por erótica uma tendência diversa do instinto sexual, tendência que nos leva à camaradagem, ternura, compreensão recíproca, amizade num plano espiritual. Mostra Frankl que os impulsos sexuais e as tendências eróticas são dissociadas na adolescência; a maturidade consiste justamente na sua integração; os homens que têm ainda em si uma distinção entre impulsos sexuais e amizade espiritual permanecem fixados no estágio da adolescência, porque lhes faltou, naquela idade, uma experiência mais profunda ou porque foram acostumados a namorar, de um lado, e a frequentar prostitutas ou entregar-se à masturbação de outro. Segundo Frankl, a mulher seria muito mais madura que a maioria dos homens, porque a virgindade à força a só se entregar ao homem com quem manteve, antes, relações de natureza espiritual.

Sendo a Relação amorosa existencial uma relação total, que dá aos parceiros algo que só existe entre eles, qualquer relação sexual, fora do âmbito do casal, será ressentida como incompleta e, por conseguinte, rapidamente rejeitada. Por isso, pode-se talvez considerar a relação existencial a mais compatível com o casamento, já que faz da fidelidade um atributo espontâneo.

– *Há sempre reciprocidade na comunicação profunda?*

Uma das características essenciais da comunicação profunda é o "sentir" a mesma coisa, ao mesmo tempo, pelos dois parceiros; podem acontecer, no entanto, ilusões de reciprocidade, as quais podem ser desfeitas por troca de impressões entre os parceiros.

Conclusão

§ 1. Uma conclusão que deixa ao leitor liberdade de concluir

O leitor estará agora se perguntando: "E eu, como me encontro nas minhas relações amorosas? Que tipo de relações estarei mantendo? Como aperfeiçoá-las ou fazê-las evoluir?"

Visando a ajudá-lo na resposta a estas perguntas, julgamos mais apropriado apontar-lhe uma série de "exercícios" que poderá fazer, junto com a sua parceira e em estreita colaboração com ela, ou sozinho, se o julgar mais conveniente.

De que adiantaria tirar conclusões para o leitor? Pessoalmente, acho que o assunto é tão delicado e tão complexo que seria contraproducente qualquer influência do autor sobre o leitor, se é que tal influência é possível.

Se, pelo contrário, o leitor sair do ambiente criado por este livro com descobertas de aspectos novos e úteis para suas relações amorosas, terá adquirido algo de importante para a sua vida.

Os exercícios que se seguem têm várias finalidades que serão expostas antes de cada um. Podemos adiantar que são produto de observações e experiências realizadas pelo autor, que continua a aperfeiçoá-los.

Para os namorados, a maioria desses exercícios permite fazer uma espécie de balanço periódico para saber se vale a pena continuar o namoro e se se podem decidir ao noivado; para os noivos, se convém casar. É uma profilaxia de insucessos matrimoniais.

Para casais, constituem os exercícios um equivalente ao *check-up* médico. Muito se recomenda o exame periódico da saúde física, mas poucos pensam em fazer o exame periódico das relações amorosas. "Como vão as nossas relações amorosas? Que poderíamos fazer para melhorá-las?" São perguntas que os casais podem elucidar em grande parte, realizando os exercícios periodicamente, todos os seis meses no início do matrimônio e anualmente após alguns anos de casados.

Para parceiros em conflito, os exercícios constituem verdadeiro exame íntimo, ajudando a colocar o dedo na ou nas causas principais das suas dificuldades: prepararão, se necessário, as entrevistas do psicólogo ou psicanalista.

Os nossos colegas psicólogos, os psicanalistas e psiquiatras muito lucrariam em utilizar os nossos exercícios em casos de desajustamentos matrimoniais da sua clientela. Com algumas entrevistas baseadas nestes exercícios, tenho conseguido resultados animadores.

Os cientistas sociais interessados em pesquisar as relações amorosas encontrarão neles verdadeira "bateria" de investigação. Os psicólogos e mais particularmente os psicólogos sociais poderão usá-los como testes, desde que devidamente validados e padronizados, trabalho que resta ainda a fazer. Isto constituiria ótimo trabalho para tese de doutoramento.

Antes de passar aos exercícios propriamente ditos, convém fazer algumas recomendações ao leitor:

1º) Haverá *mais proveito pessoal,* se os *exercícios* forem feitos *após a leitura completa do presente livro,* pois será melhor a compreensão do assunto.

2°) Haverá *excelente oportunidade de saber como cada um dos parceiros é "sentido" e "percebido" pelo outro se os dois parceiros fizerem os exercícios juntos.* Estabelece-se verdadeiro *feed-back*, graças à revelação das imagens recíprocas. Disto podem surgir *melhoras sensíveis nas relações amorosas,* graças a uma modificação das imagens que cada parceiro tem do outro; *as imagens tornam-se mais reais, mais objetivas, e muitas barreiras caem.*

3°) O leitor e seu parceiro *lucrarão muito mais* e conseguirão *solucionar melhor os seus problemas,* se usarem de *franqueza absoluta* e de *autenticidade* na análise.

4°) Em *caso de conflito amoroso,* a fim de *evitar efeito contrário ao desejado,* é preferível fazer os exercícios e análises junto com um psicólogo, psicanalista ou psicoterapeuta. Se isto for impossível, convém evitar que cheguem às mãos do parceiro desprevenido as análises realizadas sob o efeito do entusiasmo do leitor. *Pode-se ser mal interpretado.* Deve-se, antes, *dar-lhe o presente livro* a ler e esperar que o parceiro proponha os exercícios. Se deixar de fazê-lo, ainda estará em tempo de fazer a proposta. É preciso *preparar o ambiente para evitar dissabores.*

Passemos, agora, aos exercícios, que são os seguintes:

1°) *Check-up* das relações amorosas.

2°) Análise das imagens motivacionais.

3°) Análise dos esforços mútuos de adaptação.

4°) Análise dos pontos de atração e rejeição.

§ 2. Exercício n. 1:
Check-up das relações amorosas

O presente inventário visa a fazer evoluir e tornar mais realista a percepção recíproca dos parceiros e a verificar os pontos de harmonia e de dissensão. Para isso convém:

1°) Comparar entre si a percepção que cada parceiro tem das relações amorosas entre os dois.

2°) Comparar entre si as imagens recíprocas que cada parceiro faz a respeito da percepção do outro.

Para iniciar o exercício é necessário, em primeiro lugar, tirar quatro cópias do inventário modelo n. 1, Em apêndice. Cada parceiro fica com uma cópia. As duas outras servirão para fins de transcrição.

PRIMEIRA FASE: Preencher a parte referente ao próprio sexo (ele, ela, conforme o caso), colocando um x no quadradinho correspondente ao seu caso.

SEGUNDA FASE: Preencher a parte referente ao parceiro, imaginando o que ele (ou ela) deve ter respondido.

Nota: É claro que nestas duas fases não deve haver contato entre os parceiros.

TERCEIRA FASE: Num dos dois formulários vazios colocar os x correspondentes às respostas dadas por cada um dos parceiros a respeito de si mesmo. Obter-se-á assim um *gráfico das concordâncias e discordâncias* entre as percepções reais de cada um dos parceiros. Basta ajuntar para isso os quadradinhos com traço vermelho, quando só há um x sem correspondente no outro. Onde isto se dá, há discordâncias a serem estudadas entre os dois parceiros.

QUARTA FASE: No formulário vazio restante, colocar os x correspondentes ao que cada parceiro respondeu, no que concerne àquilo que achava que o outro iria responder. O gráfico dará uma ideia de quanto cada um conhece e sente o outro, e em que esfera. Ter-se-á o *gráfico das imagens recíprocas,* que será comparado com o das *concordâncias e discordâncias.*

§ 3. Exercício n. 2:
Análise das imagens motivacionais

O exercício visa a fazer com que os parceiros conheçam melhor as motivações de cada um e corrijam uma ou outra falsa impressão que porventura tenham um do outro.

Para este exercício basta reproduzir a lápis ou a tinta o modelo n. 2 em apêndice, sendo necessário um exemplar para cada um.

Na coluna correspondente a cada parceiro, cada um coloca o de que gosta e o que quer na vida. Depois, na coluna correspondente ao outro parceiro, coloca-se o que cada um parceiro acha que o outro gosta e quer na vida.

O casal depois se reúne para tomar conhecimento do que cada um escreveu e trocar ideias a respeito.

§ 4. Exercício n. 3:
Análise dos esforços mútuos de adaptação

A análise é sobretudo útil para casais em conflito, nos casos em que há dissensões a respeito dos interesses e motivações de cada um. Maior clareza pode ajudar a resolver o problema.

Mesmo para casais sem problemas, pode melhorar ainda mais as suas relações.

A namorados e noivos permite analisar, conjuntamente com os Exercícios 1, 2 e 4, se vale a pena continuar.

Basta retomar o modelo n. 2 já preenchido, conforme instruções do exercício n. 2, e responder à pergunta: que faz para satisfazer essas necessidades? Depois se responde ao que o parceiro faz para satisfazer os seus gostos e interesses.

O exame em conjunto, posteriormente ao preenchimento, é o objetivo primordial deste exercício, que costuma apontar, a cada um, caminhos até então ignorados.

§ 5. Exercício n. 4:
Análise dos pontos de atração e rejeição

O exercício destina-se a todos os casais de namorados, noivos ou cônjuges que querem melhorar ainda mais as suas relações e conhecer o de que o outro gosta e não gosta nele.

Tal como nos outros exercícios, é necessário que os dois parceiros estejam de acordo em fazer o exercício e receber as sugestões com espírito de colaboração mútua.

Em primeiro lugar, convém reproduzir, a lápis ou tinta, dois exemplares do modelo n. 3 em apêndice.

Depois, cada um dos parceiros escreve, na primeira coluna, uma lista de tudo o de que gosta no outro parceiro, isto é, todos os aspectos, tais como caráter, interesse, mímica, vestimenta, perfume, etc.

Uma vez preenchida a primeira coluna, passa-se à segunda, fazendo-se uma lista dos aspectos que o parceiro gostaria de ver modificados, diferentes, no outro, isto é, os aspectos de que não gosta no companheiro.

É claro que este último exercício deve ser evitado, se um dos parceiros for particularmente suscetível ou sensível, só se fazendo com muita insistência por parte deste.

Ao tomar conhecimento das respostas do outro aparecem muitas coisas que constituem verdadeiras surpresas e formam a base para a tomada de decisões importantes para a vida do casal.

Cremos que esta é a conclusão mais prática e mais útil para o leitor: ajudá-lo a melhorar as suas próprias relações amorosas e tirar as suas próprias conclusões.

Quanto a este livro, está dentro da nova linha de aconselhamento em Psicologia, tendência chamada de Não Diretivismo. Acredita-se, cada vez mais, que todo ser humano e todo grupo de pessoas tem em si mesmo os recursos para se desenvolver, progredir e encontrar os seus próprios caminhos. A função do psicólogo é apenas a de ajudá-lo, espelhando e descrevendo para cada um as suas próprias reações. Foi o que fizemos no presente volume, ao descrever objetivamente, sem tomar partido, as diferentes formas de amor.

O próprio leitor ter-se-á reconhecido a si mesmo e a pessoas das suas relações amorosas passadas e presentes. Com a ajuda dos exercícios, que lhe proporcionam a oportunidade única de saber como o vê o seu próprio parceiro, esperamos que consiga iniciar uma evolução importante para a sua vida.

APÊNDICE

Exercícios de análise das relações amorosas

Exercício n. 1
INVENTÁRIO "CHECK-UP" DAS RELAÇÕES AMOROSAS

(Colocar um *x*, se a resposta for *sim*, no quadradinho correspondente. Para outro tipo de resposta, anotá-la à parte.)

Forma transferencial

	ELE	ELA
– Sente simpatia pelo parceiro sem saber por quê"?	☐	☐
– Tem prazer em proteger ou ser protegido pelo seu parceiro? (*grifar o seu caso*)	☐	☐
– O seu parceiro lembra-lhe alguém da sua família?	☐	☐
– Quem?	☐	☐
– Sente muita necessidade de carinho, sem que haja nisso ideia de sexo?	☐	☐

Formas motivacionais

Gosta de:

	ELE	ELA
– Conforto?	☐	☐
– Negócios, lucros, dinheiro?	☐	☐
– Sentir-se orgulhoso(a) do seu parceiro e apresentá-lo(a) a amigos e ao público?	☐	☐
– Exercer a mesma profissão e trabalhar junto com o seu parceiro?	☐	☐
– Comer e saborear bons pratos juntos?	☐	☐
– Passear e viajar com ele(a)	☐	☐
– Ir a festas ou recepcionar amigos?	☐	☐
– Conviver com ele(a), porque, sem ele(a), sente-se só?	☐	☐
– Ficar junto com ele(a) porque não gosta do resto do mundo e das outras pessoas?	☐	☐
– Jogos e emoções violentas?	☐	☐
– Praticar esportes?	☐	☐
– Quais?	☐	☐
– Da beleza dele(a)?	☐	☐

	ELE	ELA
– Beleza da natureza, quadros bonitos, pessoas bonitas?	☐	☐
– Ouvir música?	☐	☐
– Moderna?	☐	☐
– Clássica?	☐	☐
– Ouvir ou ler poemas?	☐	☐
– Pintar, esculpir, modelar ou desenhar? (*grifar*)	☐	☐
– Tocar algum instrumento musical?	☐	☐
– Qual?	☐	☐
– Ler livros?	☐	☐
– Que tipo?	☐	☐
– Discutir e debater assuntos intelectuais?	☐	☐
– Quais?	☐	☐
– Contribuir para o desenvolvimento cultural, econômico, profissional, físico do parceiro?	☐	☐
– Assistir aos necessitados, doentes, pobres, participando de obras assistenciais e filantrópicas?	☐	☐
– Praticar atos religiosos e participar deles?	☐	☐
– Crer em Deus?	☐	☐
– Defender veementemente e a todo custo o bem, a moral, a equidade e a justiça?	☐	☐

Outros gostos?

Forma procriadora

	ELE	ELA
– Gosta da ideia de ter filhos?	☐	☐
– Gosta de educar crianças?	☐	☐
– Sente-se feliz e realizado(a) por ter os seus próprios filhos? (*Vale para o futuro, também*)	☐	☐

Forma costumeira

	ELE	ELA
– Gosta dele(a), porque possui os requisitos ideais quanto à idade, tamanho, reputação, boa posição social, conforme manda o bom-senso e a tradição?	☐	☐

	ELE	ELA

– Acha que, em matéria de amor e casamento, se deve colocar a razão acima do coração? ☐ ☐

– Acha que o lugar do homem é no trabalho e o da mulher no lar? ☐ ☐

– Acha que, em matéria de casamento, o amor pode vir depois e que o mais importante é a convivência? ☐ ☐

Forma possessiva

– Quer o seu parceiro só para você? ☐ ☐

– Faz tudo para conquistá-lo ou conservá-lo? ☐ ☐

– Sentir-se-ia infeliz ou irado(a), se o(a) visse, passeando com outro(a) na rua? ☐ ☐

– Acha que liberdade entre parceiros é um absurdo? ☐ ☐

Forma existencial

– Tem o sentimento de que há algo de profundo entre os dois que o tempo jamais poderá apagar? ☐ ☐

– Quando os olhares se penetram, tem a sensação de que algo importante acontece – sentir todo o ser do outro e sentir que ele sente a mesma coisa? ☐ ☐

– Quando estão longe um do outro, tem a sensação de continuar em sintonia, de que, ao se reencontrarem, sentirá a mesma coisa, mesmo na suposição de uma ausência prolongada? ☐ ☐

– Tem a sensação de que, ante a profundidade das suas comunicações interpessoais, sexo é algo secundário? ☐ ☐

– Tem a sensação de que pode ser fiel ao seu parceiro de modo espontâneo e sem nenhum esforço, por desinteresse por outros possíveis parceiros? ☐ ☐

– Tem essa impressão do seu parceiro também? ☐ ☐

Parte facultativa e reservada para o caso de existirem relações sexuais.
(Continuação da forma existencial.)

– As relações sexuais acontecem naturalmente, sem que pense especialmente nelas antes? ☐ ☐

– Durante essas relações, procura continuar a comunicação profunda pelo olhar ou por outros meios? ☐ ☐

	ELE	ELA

– Depois dessas relações, tem um sentimento de paz e de plenitude? ☐ ☐

– O orgasmo lhe dá o sentimento de comunhão total dos dois? ☐ ☐

– Depois das relações sexuais, continua a comunicação profunda? ☐ ☐

Forma genital

– Antes das relações sexuais sente-se ansioso e com pressa de realizar o coito? ☐ ☐

– Durante essas relações, quer chegar ao prazer do orgasmo o mais depressa possível? ☐ ☐

– Depois das relações sexuais, tem a impressão de ter perdido contato com o parceiro ou mesmo do querer fazer outra coisa – mudar de assunto ☐ ☐

– Os seus sentimentos de atração pelo parceiro são maiores antes das relações sexuais? ☐ ☐

Forma sensual

– Pensa muito e se regozija, de antemão, pelo prazer que lhe proporcionarão as próximas relações sexuais? ☐ ☐

– Durante essas relações, procura prolongar o prazer o mais possível, atrasando o orgasmo? ☐ ☐

– Tem prazer em mudar de posição e em usar todos os tipos de carícias que conhece? ☐ ☐

– Após as relações sexuais, faz tudo para conseguir mais prazer ainda? ☐ ☐

– Fora dos momentos de relações sexuais, ou logo após, sente-se invadido pelo tédio, por certo sentimento de inutilidade do prazer vivido ou de desgaste inútil de energia? ☐ ☐

– Tem a impressão de que vive muito mais intensamente durante as relações sexuais do que em outras situações da vida? ☐ ☐

– O seu interesse pelo parceiro é maior no período que precede às relações sexuais ou depois? ☐ ☐

Exercício n. 2
ANÁLISE DAS IMAGENS MOTIVACIONAIS

ELE		ELA	
DO QUE ELE GOSTA E QUE QUER NA VIDA	O QUE ELA FAZ PARA AJUDÁ-LO E SATISFAZÊ-LO	DO QUE ELA GOSTA E QUE QUER NA VIDA	O QUE ELE FAZ PARA AJUDÁ-LA E SATISFAZÊ-LA

Exercício n. 3
ANÁLISE DOS ESFORÇOS MÚTUOS DE ADAPTAÇÃO

Exemplo de preenchimento
(visando apenas a melhor compreensão)

ELE		ELA	
DO QUE ELE GOSTA E QUE QUER NA VIDA	O QUE ELA FAZ PARA AJUDÁ-LO E SATISFAZÊ-LO	DO QUE ELA GOSTA E QUE QUER NA VIDA	O QUE ELE FAZ PARA AJUDÁ-LA E SATISFAZÊ-LA
1. Viajar muito.	1. Estimula-o e prepara as malas, quando viaja.	1. Vestidos.	1. ....
2. Ter um automóvel.	2. Colabora. No fazer economias.	2. Ter uma ocupação fora.	2. Opõe-se.
3. Muito carinho.	3. Esforça-se por ser mais carinhosa, sem entretanto o conseguir sempre.	3. Cuidar de crianças.	3. Quer ter mais dois filhos.
4. Ter tempo para ler.	4. Procura não perturbar, quando ele está lendo.	4. Ouvir música.	4. ....
5. Cinema.	5. Tem sempre à mão os programas semanais.	5. Dançar.	5. Leva-a a boates.
		6. Carinho e afeto.	6. É muito carinhoso.

Pela leitura do exemplo, verifica-se que a mulher corresponde a todos os desejos do parceiro. Ele, porém, deixa de atender a três das necessidades dela, o que pode ser origem de desentendimentos.

Exercício n. 4
ANÁLISE DOS PONTOS DE ATRAÇÃO E REJEIÇÃO

Exemplo de preenchimento
(por ela)

DE QUE GOSTA NELE(A)	EM QUE GOSTARIA QUE ELE(A) MUDASSE
1. Os seus olhos azuis. 2. O seu sorriso. 3. A sua musculatura de Tarzan. 4. A sua voz máscula e meiga ao mesmo tempo. 5. As flores que me dá toda semana. 6. O fato de ser respeitado por todos.	1. Chegar mais cedo em casa. 2. Levar-me a jantar fora de vez em quando. 3. Que deixe de jogar cinza no chão, dando-me o trabalho de limpar. 4. Que seja mais carinhoso antes das nossas relações sexuais.

É evidente que a leitura recíproca de tais declarações pode propiciar sensível melhora nas relações do casal, pois os dois parceiros tomam conhecimento de fatos talvez ignorados até então.

CULTURAL

Administração
Antropologia
Biografias
Comunicação
Dinâmicas e Jogos
Ecologia e Meio Ambiente
Educação e Pedagogia
Filosofia
História
Letras e Literatura
Obras de referência
Política
Psicologia
Saúde e Nutrição
Serviço Social e Trabalho
Sociologia

CATEQUÉTICO PASTORAL

Catequese
Geral
Crisma
Primeira Eucaristia

Pastoral
Geral
Sacramental
Familiar
Social
Ensino Religioso Escolar

TEOLÓGICO ESPIRITUAL

Biografias
Devocionários
Espiritualidade e Mística
Espiritualidade Mariana
Franciscanismo
Autoconhecimento
Liturgia
Obras de referência
Sagrada Escritura e Livros Apócrifos

Teologia
Bíblica
Histórica
Prática
Sistemática

REVISTAS

Concilium
Estudos Bíblicos
Grande Sinal
REB (Revista Eclesiástica Brasileira)
RIBLA (Revista de Interpretação Bíblica Latino-Americana)
SEDOC (Serviço de Documentação)

VOZES NOBILIS

O novo segmento de publicações da Editora Vozes.

PRODUTOS SAZONAIS

Folhinha do Sagrado Coração de Jesus
Calendário de Mesa do Sagrado Coração de Jesus
Almanaque Santo Antônio
Agendinha
Diário Vozes
Meditações para o dia a dia
Guia do Dizimista

CADASTRE-SE
www.vozes.com.br

EDITORA VOZES LTDA.
Rua Frei Luís, 100 – Centro – Cep 25689-900 – Petrópolis, RJ – Tel.: (24) 2233-9000 – Fax: (24) 2231-4676 –
E-mail: vendas@vozes.com.br

UNIDADES NO BRASIL: Aparecida, SP – Belo Horizonte, MG – Boa Vista, RR – Brasília, DF – Campinas, SP –
Campos dos Goytacazes, RJ – Cuiabá, MT – Curitiba, PR – Florianópolis, SC – Fortaleza, CE – Goiânia, GO –
Juiz de Fora, MG – Londrina, PR – Manaus, AM – Natal, RN – Petrópolis, RJ – Porto Alegre, RS – Recife, PE –
Rio de Janeiro, RJ – Salvador, BA – São Luís, MA – São Paulo, SP
UNIDADE NO EXTERIOR: Lisboa – Portugal